Walter Pirzl

Coaching von Führungskräften

Walter Pirzl

Coaching von Führungskräften

Coaching aus der Perspektive des Personalmanagements und der Führungskraft

Trainerverlag

Imprint

Cover image: www.ingimage.com

Publisher:
Der Trainerverlag
is a trademark of
International Book Market Service Ltd., member of OmniScriptum Publishing Group
17 Meldrum Street, Beau Bassin 71504, Mauritius

Printed at: see last page
ISBN: 978-620-2-49411-3

Zugl. / Approved by: Universität Klagenfurt am Wörthersee

Inhalt

1 Einleitung

Die Komplexität und Dynamik des gesellschaftlichen Wandels hat aufgrund der rasanten wirtschaftlichen und technologischen Entwicklung in privaten, politischen und wirtschaftlichen Lebensbereichen in den letzten zwei Jahrzehnten stark zugenommen. Sie ist für die zunehmenden menschlichen, sozialen, gesellschaftspolitischen, ökonomischen und ökologischen Herausforderungen verantwortlich. In der Vergangenheit standen Jahrzehnte oder gar Jahrhunderte zur Verfügung, um sich auf Veränderungen einzustellen. Der Zeitraum hat sich in den letzten Jahrzehnten auf Jahre, Monate, Wochen, ja mitunter auf Stunden und Minuten reduziert (vgl. HINST 2001, RIECKMANN 2000). Diesen Veränderungen und den damit verbundenen Auswirkungen müssen – neben Gruppen, Organisationen und Institutionen – auch Einzelpersonen, wie Führungskräfte in Unternehmen, gerecht werden.

Dynamische, anpassungsfähige Unternehmen verlangen heute nach flexiblen, emotional intelligenten Führungskräften, um Veränderungen in Organisationen vorantreiben zu können (vgl. KOTTER 1997). Daraus ergeben sich steigende Anforderungen an Personen mit Führungsaufgaben, die sich beispielsweise im Bereich der Mitarbeiterführung und im Umgang mit der zunehmenden Informationsflut und -geschwindigkeit bemerkbar machen (vgl. FOURIER 1994). Diese wachsenden Anforderungen haben zur Folge, dass in der Weiterbildung von Führungskräften vermehrt Prozessberatung – im Sinne einer berufsbegleitenden Unterstützung und Hilfestellung – gefordert wird (vgl. GÖTZ 2000).

Führungskräfte-Coaching ist eine Form dieser prozessualen Beratung, die von Personen in leitenden Funktionen in Anspruch genommen wird, um der hohen Komplexität und Dynamik im Berufsalltag leichter gerecht zu werden (vgl. RIECKMANN 2000, LOOSS 2002). Coaching erfreut sich in den letzten beiden Jahrzehnten zunehmender Beliebtheit. Am Markt finden sich neben den üblichen Aus- und Weiterbildungsangeboten auch viele, unterschiedliche

Angebote von Coaching. Unternehmen, die Führungskräfte-Training und -Weiterbildung anbieten, offerieren vermehrt auch Coaching für Personen in Führungspositionen.

Coaching wird immer häufiger von Führungskräften nachgefragt und auch genutzt. Mit dieser prozessbegleitenden Unterstützung versuchen diese, den von ihnen geforderten, wachsenden organisatorischen, fachlichen und sozialen Anforderungen gerecht zu werden.

Der Coaching-Markt boomt, sowohl auf der Angebots- als auch auf der Nachfrage-Seite. Meine persönlichen Erfahrungen und die Kontakte zu Unternehmen und Kollegen aus der Beratungsbranche zeigen, dass Führungskräfte-Coaching vermehrt angeboten und auch in Anspruch genommen wird. Es ist jedoch wenig über die tatsächliche Verbreitung in Unternehmen und die Inanspruchnahme in der Praxis bekannt. Eine mögliche Erklärung könnte darin liegen, dass mit der Inanspruchnahme von Coaching immer noch vor sehr anonym und diskret umgegangen wird.

1.1 Zum Inhalt dieses Buches

Im ersten Kapitel „Coaching – eine Bestandsaufnahme" wird zunächst der aktuelle Stand der Diskussion zum Thema „Führungskräfte-Coaching" erfasst, wobei der Schwerpunkt auf bereits vorhandene empirische Untersuchungen gelegt wird.

Im Teil „Verbreitung – Nutzen – Barrieren" ist eine Studie unter Personalverantwortlichen und Führungskräften in Klein-, Mittel- und Großbetrieben dargestellt. Darin wurde Führungskräfte-Coaching hinsichtlich der Verbreitung, des Nutzens und der Barrieren untersucht. Die Studie hat sehr deutlich gezeigt, dass viel an der Bewusstseinsbildung und der Sensibilisierung in Bezug auf Coaching von Führungskräften notwendig und erforderlich ist. Dazu ist in erster Linie eine gezielte Aufklärungsarbeit, beispielsweise durch mehr Transparenz in Bezug auf den Beratungsprozess, notwendig. Um einen Einblick in Coaching-Prozesse zu bekommen, wurde in einer zweijährigen Folgestudie - welche im darauffolgenden Kapitel „Erfahrungen – Umgang – Ergebnisse“ dargestellt ist - Coaching aus der Sicht von gecoachten Führungskräften untersucht. Darin wird beschrieben, wie Führungskräfte ein Coaching erleben, wie sie damit umgehen und welche Veränderungen es in Bezug auf ihre Person und ihre Führungsrolle bewirkt. Im letzten Kapitel werden die Schlussfolgerungen in Bezug auf die Anwendung von Führungskräfte-Coaching in den Unternehmen diskutiert und Perspektiven für den zukünftigen Einsatz von Coaching aufgezeigt.

Da unter dem Begriff „Coaching“ unterschiedliches verstanden und auch publiziert wird, sind im Anschluss eine Auswahl an Definitionen dargestellt und diskutiert. Schließlich wird eine Eingrenzung vorgenommen und definiert, wie Coaching in der weiteren Betrachtungsweise zu verstehen ist

Einleitend sei noch all jenen Unternehmen, Personalentwicklern und Führungskräften ein herzliches Dankeschön ausgesprochen, durch deren wertvolle Teilnahme diese beiden Studien erst möglich wurden.

1.2 Coaching – ein Definitionsversuch

Coaching ist eine Modeströmung, der Begriff wird vielseitig verwendet. Eine allgemein verbindliche Definition des Begriffs „Coaching“ ist nicht (mehr) möglich. Viel Bekanntes wurde darunter bereits subsumiert (vgl. BUNER 2000, S. 5). Etymologisch betrachtet, lässt sich das Wort „Coach“ auf die deutsche Bezeichnung „Kutsche“ zurückführen. Im 16. Jahrhundert wurde, angelehnt an den Ort Kosci bei Raab, eine Art vierrädriger Wagen als „kocsi szeker“ bezeichnet (vgl. SIMPSON 1993, S. 300). Später war mit „Coach“ oder „Coachman“ auch der Kutscher gemeint, dessen Aufgabe im Lenken und Betreuen der Pferde lag. Im Sinne dieser Tätigkeit wurde der Begriff „Coach“ bzw. „Coaching“ auf andere Bereiche übertragen (vgl. RAUEN 2001, S. 20).

Im 19. Jahrhundert wurde an Universitäten im angloamerikanischen Raum Coaching als fördernde Maßnahme eingesetzt. Personen, welche umgangssprachlich als „Coach“ bezeichnet wurden, haben Studenten auf Prüfungen vorbereitet und für sportliche Ereignisse trainiert. Später wurde der Begriff „Coaching“ in den Sportbereich übernommen und als Synonym für Betreuer, Trainer und Sportlehrer verwendet (vgl. KROEBER 1995, S. 256).

In den siebziger und achtziger Jahren hielt der Begriff „Coaching“ zunehmend in der Wirtschaft Einzug. „Coach“ war von nun an nicht nur die Bezeichnung für den Trainer im Sportbereich, sondern auch für den Berater im Management:

> „Ein Coach ist ein (externer) Einzelberater für die personenzentrierte Arbeit mit Führungskräften entlang der Frage, wie die Managerrolle von der Person bewältigt wird“ (LOOSS 1997, S. 15).

Unter Coaching wird heute eine individuelle, meist längerfristige Beratung von Führungskräften bei psychischen Problemen, wie beispielsweise Isolation der Führungskraft oder Schwierigkeiten im Kommunikations- und Führungsverhalten sowie bei Schwierigkeiten im persönlichen Arbeitsverhalten verstanden. „Coaching“ bedeutet im weiteren Sinne auch die Förderung und Stimulierung von Mitarbeitern in Unternehmen durch ihre Vorgesetzten (vgl. RAUEN 2001, S. 20; BROCKHAUS 1998, Band 4, S. 608f).

Coaching kann aus heutiger Sicht interdisziplinär verstanden werden, "(...) wobei ein Zusammenspiel von einem humanwissenschaftlichen und einem sachrationalen, technisch-wirtschaftlichen Verständnis von Management stattfindet" (SCHMID 1997, S. 183). Nach Rückle findet Coaching vielschichtige Verwendung und wird meist mit den Worten „Trainieren, Beraten und Betreuen“ gleichgesetzt. Die Inhalte sind nicht mehr eindeutig zuordenbar. Coaching hat neue Facetten bekommen, aber auch „alter Wein in neuen Schläuchen“ wird dadurch besser verkauft (vgl. RÜCKLE 2000, S. 15ff). Unter Coaching versteht Rückle eine weitreichende und tiefgreifende Betreuung, sowohl in fachlicher als auch in psychologischer Hinsicht. Der Coach ist Trainer, Berater und Betreuer (vgl. RÜCKLE 1992, S. 13f).

Im Gegensatz zu Rückle, der unter Coaching auch eine Beratung in fachlicher Hinsicht meint, grenzt Vogelauer den Coaching-Begriff folgendermaßen ein:

> „Coaching ist eine kontinuierliche, zeitlich begrenzte und partnerschaftlich ablaufende Begleitung und Unterstützung von Einzelpersonen bzw. Gruppen/Teams in der Verbindung von Berufsrolle und Person, zielorientiert und situativ ausgerichtet, wobei der/die zu Coachende für Lernen und Entscheidungen verantwortlich ist. Coaching ist nicht Therapie und nicht Fachberatung, Coaching ist kein Ersatz für Führungsarbeit und auch kein on the job-Training“ (VOGELAUER 2003).

Nach Schreyögg kann Coaching generell "als eine professionelle Form der Managementberatung" angesehen werden (vgl. SCHREYÖGG 1998, S. 7). Dabei zielt es auf die Beratung von Managern und Sozialmanagern auf unterschiedlichsten hierarchischen Ebenen ab. Weiters wird Coaching auch sehr häufig von Freiberuflern nachgefragt, die ebenfalls mit einer Vielzahl von Managementaufgaben konfrontiert sind. Für diese Personengruppen dient Coaching als Maßnahme zur Personalentwicklung. Es bietet einen Rahmen für die Behandlung unterschiedlichster beruflicher Krisen und auch für die Entwicklung zu mehr Selbstmanagement im Beruf (vgl. SCHREYÖGG 1994, S. 173).

Ein Ziel von Coaching liegt in der Förderung beruflicher Selbstgestaltungspotentiale, also des Selbstmanagements von Führungskräften und Freiberuflern. Hier sind sehr deutlich die Parallelen zum Sport erkennbar, wo die Vorbereitung auf "einsame Leistungen" des Klienten durch den Coach stattfindet (vgl. SCHREYÖGG 1998, S. 7ff). Die Entwicklung im emotionalen und fachlichen Bereich, die Verbesserung der beruflichen Handlungskompetenz, die Verbesserung des beruflichen Bewusstseins, die Verbesserung der Konfliktfähigkeit und die Erweiterung des professionellen Wissens bilden weitere Ziele eines Coachings (vgl. GOMBOS 1999, S. 1f).

Über kaum eine andere Methode der Weiterbildung herrschen so viele unterschiedliche Ansichten hinsichtlich Inhalten, Vorgehensweisen und Zielen vor wie über Coaching. Eine Möglichkeit, einen kleinsten gemeinsamen Nenner der vielfältigen Coaching-Definitionen zu finden, stellt die folgende Definition dar:

- Coaching ist die Bearbeitung und Reflexion von persönlichen berufsbezogenen Problemen unter vier Augen.
- Durch begleitendes Feedback und aufgabenbezogene Hilfestellung werden (Nachwuchs-)Führungskräfte unterstützt, ihre Tätigkeit effektiver und mit größerer Zufriedenheit zu bewältigen.
- Der Coach fördert die berufliche Entwicklung und Leistungsfähigkeit seines Klienten, indem er dessen individuelle Ressourcen und Persönlichkeitsmerkmale berücksichtigt.
- Weitgehend Einigkeit besteht auch über die Unterscheidung in internes und externes Coaching, das heißt die Beratung erfolgt einerseits durch interne und andererseits durch externe Personen.
- Hinsichtlich der Unterscheidung von Gruppen- und Team-Coaching von anderen bereits etablierten gruppenbezogenen Beratungsformen herrscht kein Konsens (vgl. MANAGERSEMINARE 2002).

Da der Schwerpunkt in den folgenden Kapiteln auf der persönlichen Beratung von Führungskräften liegt, wird der Begriff „Coaching" – angelehnt an die o.a. Definitionen – auf die individuelle Einzel- und Gruppenberatung von Führungskräften, als Unterstützung im beruflichen Alltag durch einen externen Coach, eingegrenzt. Als Schreibweise wird „Coaching" oder „Führungskräfte-Coaching" verwendet, wobei diese als gleichbedeutend anzusehen sind.

2 Coaching – eine Bestandsaufnahme

Um ein Bild vom aktuellen Stand der Diskussion zu erhalten, erfolgte eine Recherche in der vorhandenen Literatur und im Internet, wobei insbesondere nach empirischen Studien zum Thema „Coaching von Führungskräften" gesucht wurde. Die Ergebnisse wurden im Anschluss zusammengefasst dargestellt und daraus die für die folgenden Studien ergänzenden Fragestellungen abgeleitet.

2.1 Verbreitung von Coaching

Coaching als individueller, unterstützender Beratungsprozess hat sich in den letzten Jahrzehnten immer mehr als Spezialangebot für Führungskräfte etabliert (vgl. DOPPLER 1992, S. 36f). Der Einsatz dieser Beratungsform umfasst mittlerweile eine große Bandbreite (vgl. VOGELAUER 2002, S. 161). Coaching ist heute zu einem wesentlichen Bestandteil der Personalentwicklung, der Führungskräfte-Unterstützung sowie der Begleitung von unternehmerischen Entwicklungs- und Veränderungsprozessen geworden (vgl. QUEST 2001, S. 13).

Unterschiedlichste Untersuchungen zeigen, dass sich Coaching als Beratungsform in Unternehmen immer größer werdender Beliebtheit erfreut:

Nach Rückle ergaben Studien im deutschsprachigen Raum, dass Coaching in ungefähr 20 Prozent der Betriebe genutzt wird. Die Tendenz ist nach den Ergebnissen dieser Umfragen steigend. Bereits vorhandene und zukünftig wichtiger werdende Führungskriterien, die mittels Coaching entwickelt, gestärkt und kompensiert werden können, bewirken eine wachsende Bedeutung von Coaching als Hilfe zur Selbsthilfe (vgl. RÜCKLE 2002, S. 49ff).

2001 hat Vogelauer eine Befragung über Erfahrungen mit Coaching in Unternehmen aus unterschiedlichsten Branchen – unter anderem in den Bereichen Produktion/Industrie und Dienstleistung – durchgeführt. Dabei wurde festgestellt, dass die Verbreitung von Coaching im Vergleich zur Studie aus dem Jahr 1997 rapide zugenommen hat.

Die Ergebnisse zeigen, dass 93% der Führungskräfte in Schweizer Unternehmen, 74% der Führungskräfte in deutschen Unternehmen und 71% der Führungskräfte in österreichischen Unternehmen Erfahrungen mit Coaching haben. Gesamt bedeutet dies eine Verbreitung im deutschsprachigen Raum von 78% (vgl. VOGELAUER 2002).

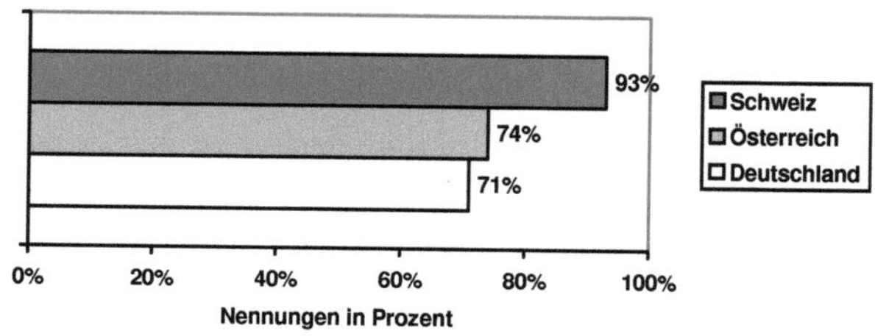

Abbildung 1
Erfahrungen mit Coaching (VOGELAUER 2002)

In einer Untersuchung von Böning (1998) in 109 deutschen Unternehmen aus elf Branchen gaben 84,5% der Befragten an, dass ihnen Coaching aus eigener Erfahrung bekannt ist (vgl. BÖNING 2002).

In Großbetrieben wird Coaching als selbstverständliches Service angesehen, zunehmend wird es auch in kleineren Unternehmen nachgefragt (vgl. KÖNIG 1995, S. 250f). Schreyögg beschreibt eine wachsende Bedeutung von Coaching für Selbstständige in den letzten Jahren, die sie auf die soziale Isolation dieser Berufsgruppe zurückführt (vgl. SCHREYÖGG 1998, S. 71).

Als Coaching-Variante kommt das Einzel-Coaching am häufigsten zum Einsatz: Aus der 1997 von Vogelauer durchgeführten, länderübergreifenden Befragung in Deutschland, Österreich und der Schweiz über die Verbreitung von Coaching-Varianten, wurde das Einzel-Coaching – gegenüber Team-,

Vorgesetzten- und Projekt-Coaching – als meist genutzte Beratungsform genannt (vgl. VOGELAUER 2002). Dieses Ergebnis resultiert auch aus der 1999 von Hankovszky und Buner unter Personalverantwortlichen und Führungskräften durchgeführten Untersuchung in Versicherungsunternehmen in der Schweiz, in Deutschland und in Österreich. In den untersuchten Unternehmen findet Einzel-Coaching gegenüber Team-Coaching häufiger Anwendung (vgl. HANKOVSZKY/BUNER 2000, S. 49f).

Unterteilt nach den verschiedenen Coaching-Varianten, nutzten auch nach der Studie von Böning die Unternehmen – neben Gruppen-, Team-, Vorgesetzten- und Projekt-Coaching – zum Großteil Einzel-Coaching (vgl. BÖNING 2002).

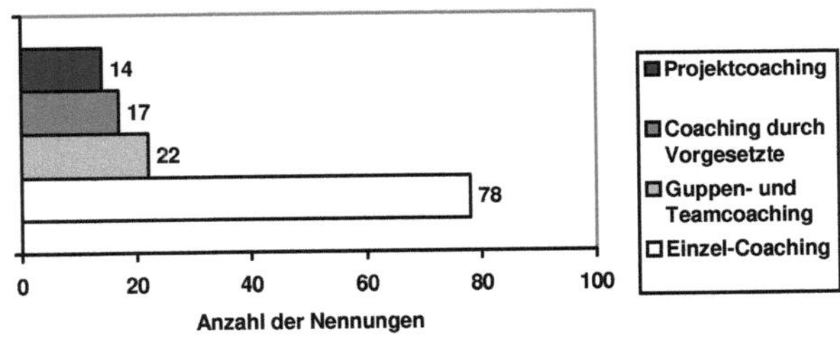

Abbildung 2

Coaching-Varianten (BÖNING 2002)

Die Zielgruppe von Coaching-Maßnahmen sind hauptsächlich Führungskräfte und das Top-Management, gefolgt von Schlüsselpersonen in Veränderungsprozessen (vgl. BÖNING 2002).

Stahl und Marlinghaus haben in ihrer Studie praktizierende Coachs nach den Anlässen, Methoden und Qualifikationsanforderungen befragt. Demnach wird Coaching vor allem im oberen Management und dort häufig von jüngeren Managern genutzt. Des weiteren geht aus dieser Studie hervor, dass die Initiative für Coaching in den meisten Fällen von der Führungskraft selber ausgeht (41%), Vorgesetzte (21%) und Personalverantwortliche (17%) werden seltener aktiv. Vorwiegend bezahlt das Unternehmen (73%), in 60% der Fälle ist der Vorgesetzte, in 49% die Personalabteilung informiert und 21% der Klienten nutzen Coaching dauerhaft, d.h. ohne Zeitbegrenzung (vgl. STAHL/MARLINGHAUS 2000).

Da es zum Begriff „Coaching" – wie bereits eingangs dargestellt – im deutschsprachigen Raum keine einheitliche, allgemein akzeptierte und verbindliche Festlegung gibt, sind bei Führungskräften Assoziationen unterschiedlichster Art damit verbunden:

Nach der 1999 von Hankovszky und Buner durchgeführten Untersuchung in Versicherungsunternehmen in der Schweiz, in Deutschland und in Österreich, assoziiert man mit Coaching in erster Linie Unterstützung und Begleitung in schwierigen Situationen (HANKOVSZKY/BUNER 2000, S. 48). Bezogen auf das Grundverständnis für Coaching hat die Befragung von Führungskräften nach der Studie von Böning ergeben, dass darunter am häufigsten die individuelle Beratung und Betreuung von Führungskräften (52%) verstanden wird. Hilfe zur Selbsthilfe (15%), Begleitung von Schlüsselpersonen in Veränderungsprozessen (8,5%) und entwicklungsorientiertes Führen sind weitere Angaben, welche das Grundverständnis der befragten Führungskräfte in Bezug auf den Coaching-Begriff widerspiegeln (vgl. BÖNING 2002).

2.2 Anlässe für Coaching

Die Anlässe, welche für die Inanspruchnahme von Coaching verantwortlich sind, ergeben ein sehr breites Spektrum: Aus der Studie von Jüster u.a. geht hervor, dass die Anlässe deutlich eine Favorisierung des Führungstrainings, gefolgt von der Performance-Optimierung und der Problem- und Konfliktlösung zeigen. Auffallend ist, dass die Bereiche „Verbesserung der Lebensqualität" und „Krisen im persönlichem Umfeld" in der Skalierung stark abfallen. Coaching wird demnach als berufsbezogene Unterstützungsleistung verstanden, persönliche Themen sind nicht primär entscheidend (vgl. JÜSTER/HILDENBRAND/PETZOLD 2001).

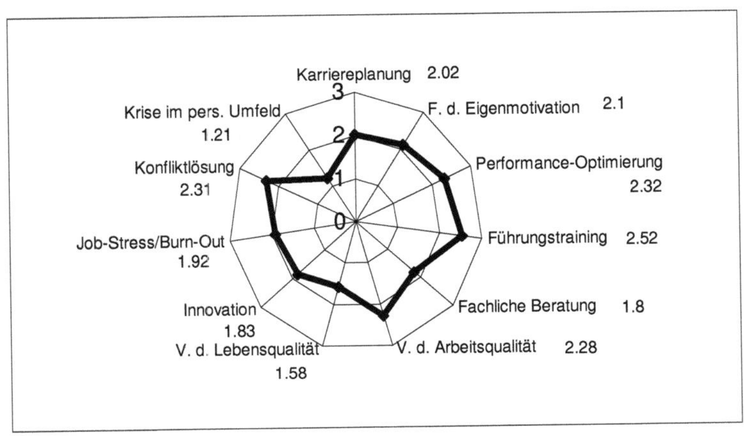

Die vorgegebenen Antwortmöglichkeiten stellen einen Mix aus beruflichen und privaten Themen dar und wurden nach den Ausrichtungen Krise und Potenzialentwicklung ausgewählt. Die Zahlenwerte ergaben sich aus der Antwortskalierung, die bei voll zutreffend 3 Punkte vorsah, während weniger zutreffend 2 Punkte, kaum zutreffend einen Punkt und nicht zutreffend 0 Punkte ergaben.

Abbildung 3
Erwartungen an ein Coaching
(JÜSTER/ HILDENBRAND/PETZOLD 2001)

Eine weitere Studie von Stahl/Marlinghaus über die Anlässe für Coaching hat ergeben, dass die veränderten beruflichen Anforderungen sowie Verhaltens- und Leistungsdefizite der Führungskraft, die Inanspruchnahme von Coaching erfordern. In geringerem Maße sind soziale Konflikte und der Wunsch nach beruflicher Neuorientierung sowie Stress die Beweggründe für ein Coaching. Häufige Themen in Coaching-Gesprächen sind die Verbesserung der Führungs- und Kommunikationskompetenz sowie der Umgang mit sozialen Konflikten (vgl. STAHL/MARLINGHAUS 2000).

Nach Neubeiser zählen die Veränderungen der Organisationskultur, des Führungsstils und die persönlichen Veränderungen der Führungskraft zu den häufigsten Anlässen (vgl. NEUBEISER 1990, S. 145). Looss nennt den erschwerten Umgang mit den Mitarbeitern und organisationsbezogene

Themen, wie beispielsweise die Veränderung der Berufsrolle, als Gründe, ein Coaching in Anspruch zu nehmen. Anlässe sind vereinzelt auch Stress, Burnout und persönliche Krisen, wobei Coaching in diesen Fällen auch als Instrument der Prävention und Früherkennung Hilfestellung leisten kann (vgl. LOOSS, 1993, S.43ff).

Während sich die o.a. Anlässe vorwiegend auf den beruflichen Bereich der Führungskraft beziehen, liegen die Gründe für ein Coaching nach Rückle (2000) hauptsächlich im persönlichen Bereich: Ungelöste persönliche Probleme der Führungskraft sind der Hauptanlassfall für ein Coaching. Karriere- und Führungsprobleme sowie Konflikte – organisatorisch wie zwischenmenschlich – aber auch die Vorbereitung auf künftige Führungsaufgaben sind weitere Gründe für Führungskräfte, um ein Coaching in Anspruch zu nehmen.

Aus den Erkenntnissen von Coaching-Prozessen mit über 100 Unternehmen ergeben sich nach Rückle folgende Anlässe für ein Coaching:

- Persönliche Probleme
- Vorbereitung auf künftige Aufgaben
- Probleme im Umgang mit Mitarbeitern und Vorgesetzten
- Probleme im Sales-Management, mit sich selbst und mit der Selbstmotivation
- Probleme aufgrund von Veränderungen
  (vgl. RÜCKLE 2000, S. 50ff).

Auch Vogelauer beschreibt Coaching überwiegend als Problembearbeitung (vgl. VOGELAUER 2002, S. 157). Anlass ist meist persönliche Überlastung der Führungskraft am Arbeitsplatz (vgl. ROTH, u.a. 1995, S. 217). Nach Bayer betrifft Coaching die Prozesse, „(...) die hinter den sogenannten sachlichen Problemen verlaufen, sozialer Natur sind und den wirklichen Problemkern ausmachen“ (zit. BAYER 1999, S. 2). Es sind demnach vorwiegend

Beziehungsfragen, die sich als wirklicher Problemkern hinter den Sachfragen erweisen.

Krisen sind nach Schreyögg die häufigsten und naheliegendsten Anlässe für Coaching. Diese sind sowohl im Individuellen, beispielsweise durch Stress, Burnout und Mobbing, als auch im Kollektiven, wie ökonomische Krisen, Krisen durch Umstrukturierungen und Fusionen, begründet (vgl. SCHREYÖGG 1998, S. 72ff). Soziale Konfliktsituationen im beruflichen Umfeld sind weitere Ursachen, die Führungskräfte dazu veranlassen, ein Coaching in Anspruch zu nehmen (vgl. SCHREYÖGG 2002, S. 177ff).

Untersuchungen von Böning haben gezeigt, dass sich die Anlässe für Coaching mittlerweile stark verändert haben: Waren in der Studie von 1989 noch persönliche Probleme im Vordergrund, so sind heute vorwiegend die Verbesserung der Führungssituation und die Vorbereitung auf neue Aufgaben maßgebend. Der Anteil der Anlassfälle aufgrund von persönlichen Problemen, die ein Coaching erforderlich machten, verringerte sich in dieser Befragung der Führungskräfte von rund 80% im Jahr 1989 auf rund 5% im Jahr 1998 (vgl. BÖNING 1989, 2000, 2002). Auch in der von Hankovszky und Buner durchgeführten Untersuchung haben die Fähigkeitsentwicklung auf der Verhaltensebene und die Bearbeitung von Veränderungsprozessen den höchsten Stellenwert im Coaching. Persönliche Probleme, als Begründung, sich coachen zu lassen, werden nur vereinzelt genannt (vgl. HANKOVSZKY/BUNER 2000).

Rauen beschreibt den wohl wichtigsten Grund, ein Coaching in Anspruch zu nehmen, als den Mangel an Rückmeldung über das eigene Verhalten der Führungskraft. Dies kann durch den fehlenden Abstand und die mangelnde Kompetenz weder unternehmensintern, durch Mitarbeiter, Kollegen und Vorgesetzte, noch extern, durch Partner und Freunde, kompetent geleistet werden (vgl. RAUEN 2003).

2.3 Hilfestellung und Nutzen von Coaching

Coaching kann als Instrument der Personalentwicklung dazu dienen, die Problemlösungs- und Lernfähigkeit der Mitarbeiter zu verbessern und die individuelle Veränderungsfähigkeit zu erhöhen. Coaching kann weiters dazu genutzt werden, das Spannungsfeld zwischen Person, Rolle und Organisation auszubalancieren. Persönliche Bedürfnisse, rollenbedingt wahrzunehmende Aufgaben sowie übergeordnete Unternehmensziele bestimmen die Herausforderungen, die an ein Coaching gestellt werden (BACKHAUSEN/THOMMEN 2003, S. 20f).

Der Nutzen von Coaching wird in der Wirtschaft sehr positiv beurteilt. Denn im Coaching geht es primär um Planung, Führung und Leitung zur Weiterentwicklung von Handlungsstrategien und zur Verbesserung der beruflichen Situation. Darunter sind eine gelungene Kommunikation, Interaktion, Führung und Leitung zum Nutzen des Klienten und seiner Firma gemeint (vgl. JÜSTER/HILDENBRAND/PETZOLD 2001).

Bei der Implementierung im Unternehmen ergeben sich mittelfristig drei positive Effekte, welche sich in der Effizienz der Lern- und Entwicklungsprozesse der Mitarbeiter, in deren höherer Qualifikation und im Profit für die gecoachten Führungskräfte durch die eigene Weiterbildung äußern (vgl. RÜCKLE 2000, S. 55f). Der Nutzen für das Unternehmen liegt u.a. in der Verbesserung der Sozial-, Management- und Führungs-Kompetenz der Führungskraft. Im persönlichen Bereich bewirkt Coaching eine Auflösung unangemessener Verhaltens-, Wahrnehmungs- und Beurteilungstendenzen und einen Abbau von Leistungs-, Kreativitäts- und Motivationsblockaden. Die Behandlung von Themen auf der Organisationsebene bewirkt, dass für Probleme, welche sich aus der Struktur des Unternehmens oder durch Organisationsentwicklungsmaßnahmen ergeben, wie beispielsweise der Umgang mit neuen Rollen, Integration neuer Mitarbeiter, veränderter Umgang in einer flexiblen und schlanken Organisation, Lösungsschritte erarbeitet und umgesetzt werden (vgl. RAUEN 2003).

Die Untersuchung von Böning (2002) hat gezeigt, dass insgesamt 75% der befragten Unternehmen den Coaching-Erfolg als hoch bis sehr hoch einschätzen, wobei bei jenen, die Coaching im Unternehmen nutzen, dieser Wert 87% beträgt. Der hauptsächliche Nutzen für das Unternehmen liegt demnach in der Leistungs- und Effizienzsteigerung. Durch die Coaching-Maßnahme werden Unternehmensziele schneller erreicht, die Problemlösungskompetenz der Führungskraft wird gesteigert und Krisen schneller bewältigt. 76% der Befragten sind in dieser Studie der Ansicht, dass Coaching in Veränderungsprozessen einen besonders hohen Stellenwert hat. Maßnahmen der Veränderung in Unternehmen können nur dann erfolgreich sein, wenn sie auch auf der Einstellungs- und Verhaltensebene von Mitarbeitern mitgetragen werden. Coaching kann, das bestätigen 23% der Befragten, auf dieser Ebene unterstützend wirken. Ein weiterer Nutzen von Coaching liegt in der Verbesserung der Zusammenarbeit im Unternehmen sowie in der Persönlichkeitsentwicklung der Führungskraft (vgl. BÖNING 2002).

Eine Befragung von 210 Coaching-Klienten aus verschiedenen Branchen in Deutschland hat ergeben, dass durch Coaching die Stärkung des Selbstbewusstseins, eine effizientere Zielsetzung, mehr Balance, die Verbesserung der Lebensqualität und ein besseres Stressmanagement der Führungskräfte erreicht wurde (vgl. FISCHER-EPE 2002, S. 38f). Die daraus resultierende Steigerung der persönlichen Leitungsfähigkeit der Führungskraft wirkt sich auch auf den Erfolg des gesamten Unternehmens positiv aus. (vgl. SCHEELEN 1999, S.140).

Eine britische Studie beweist, dass der Umsetzungserfolg durch eine Kombination aus Seminaren und Coaching, gegenüber der reinen Weiterbildung, deutlich erhöht wird (vgl. OLIVERO/BANE/KOPELMAN 1997). Als erfolgreich hat sich diese Kombination auch in einem

Ausbildungsprogramm von Schichtleitern der chemischen Industrie in Deutschland erwiesen (vgl. DORANDO/GRÜN 1993, S. 53-70). In diesem Konzept wurden Inhalte durch Weiterbildungsmaßnahmen, wie beispielsweise Seminare, vermittelt und deren Umsetzung durch den Coaching-Klienten im beruflichen Umfeld, also auf der Handlungsebene, mit einem Coaching begleitet und unterstützt (vgl. SZABÓ 2002).

Eine Kombination aus Seminar und Coaching wurde in einem Forschungsprojekt im Bildungsbereich umgesetzt, wo Coaching als ein zusätzliches Instrument im Zuge von Organisations- und Qualitätsentwicklungsmaßnahmen an Schulen eingesetzt wurde. Die Schulleiter, welche diese individuelle Begleitung durch Coaching in Anspruch genommen haben, wurden durch Seminare mit dieser Beratungsform vertraut gemacht und sensibilisiert. Diese Phase der Information und Aufklärung war sehr wichtig für den danach folgenden Coaching-Prozess, welcher in diesem Projekt direkt im jeweiligen beruflichen Umfeld der Schulleiter stattfand. Die Schulleiter sind sehr offen und selbstbewusst mit der Thematik „Coaching" umgegangen, auch die Mitarbeiter wurden von Anfang an darüber informiert. Für diesen offenen Umgang war auch der Umstand förderlich, dass Coaching mit einer positiv besetzten Entwicklungsmaßnahme an den Schulen in Verbindung gebracht wurde.

Die einzelnen Projekte wurden, unterstützt durch das begleitende Coaching, sehr erfolgreich an den jeweiligen Schulen umgesetzt. Der Nutzen von Coaching in diesem Projekt wurde durch eine externe Evaluation bestätigt (GROGGER/PIRZL 2002).

Coaching wird in Unternehmen wie BMW, Volkswagen und BASF sowie großen Banken und Versicherungen deshalb implementiert, da es eine wirksame Methode zur Qualitätssteigerung von Management-Ergebnissen darstellt (vgl. ECHTER 2002, S. 412f). Der Nutzen liegt nach Götz in der Lösungs-, Ressourcen- und Zukunftsorientierung von Coaching, wobei es darum geht, verfestigte Muster durch neue Möglichkeiten und Angebote ins „Tanzen“ zu bringen (vgl. GÖTZ 2001). Coaching ist eine effektive Methode, um ruhende Potentiale von Führungskräften zu wecken und diese in ihrer Entwicklung zu fördern. (vgl. WREDE 2000, S. 11).

2.4 Bedarf an Coaching

Durch die rasanten Veränderungen in Technologie, Politik, Gesellschaft und in der Weltwirtschaft werden auch die Führungsprobleme immer schlechter definierbar. Führungskräfte haben dafür zu sorgen, dass Ziele gemeinsam mit anderen erreicht werden. Sie werden weniger an ihren Anforderungen als vielmehr an ihren Ergebnissen gemessen. Zur Aufgabenerfüllung werden Menschen von Führungskräften instrumentalisiert.

Führungskräfte sind „Menschenarbeiter“ womit sich ein Widerspruch in der Beziehungsgestaltung zu den Mitarbeitern ergibt. Einerseits sind sie auf die Beziehung zu ihren Mitarbeitern angewiesen – „Wir-Gefühl“ und Anerkennung sind wichtig für die Motivation zur Zielerreichung – andererseits brauchen Führungskräfte die notwendige Distanz, um durch strategische Kommunikation und Manipulation an den unternehmerischen Zielen festzuhalten. Loos spricht von „schlecht definierten Problemen“ und von „Menschenarbeit als Instrument“, welche die Managerrolle erschweren und in Widerspruch mit gesellschaftlichen und persönlichen und/oder wirtschaftlichen Wertevorstellungen stehen.

Der Widerspruch zwischen dem „Alleskönner“ und dem „Unsichersein“ führt zu einem maskenhaften Verhalten von Führungskräften. Durch den instrumentalisierten Kontext gibt es wenig Nähe zu den Mitarbeitern, Vereinsamung an der Spitze und eine emotionale Verarmung sind das Ergebnis. Die personellen Ansprüche seitens der Führungskräfte an die Mitarbeiter steigen und enden häufig in einem Beziehungsdilemma mit dem Vorgesetzten (LOOSS, 1993, S.43ff).

Vorgesetzte sind in der Regel gute Fachleute in ihren Arbeitsgebieten. In Sachen Menschenführung, Gruppensteuerung etc. sind sie nur selten geschult. Ihr Erfahrungsrepertoire in Sachen Personal entnehmen sie dem Erlebten aus Familie, Schule und der eigenen Berufszeit. Diese eignen sich jedoch wenig für immer komplexer werdende Steuerungs- und Führungssituationen. Will man die Defizite der Führungskräfte, beispielsweise im sozialen oder organisatorischen Bereich, durch überstürzte Maßnahmen, wie beispielsweise Seminare, kompensieren, so funktioniert das kaum. Schnell gelieferte Erklärungen beziehen sich entweder auf die Unfähigkeit der Personen oder auf die unpassende Maßnahme. Heintel meint, dass vielfach noch im Bilde des „Nürnberger-Trichters" gedacht wird (vgl. HEINTEL, S. 23f).

Coaching hingegen kann die Führungskraft – im Sinne von Hilfe zur Selbsthilfe – dabei unterstützen, die notwendige soziale Kompetenz für komplexe Führungs- und Steuerungsprozesse zu entwickeln. Im Gegensatz zu Seminaren und Trainings, wo häufig an vorgegebenen Inhalten festgehalten wird, kann im Coaching an den individuellen Bedürfnissen und Problemstellungen der Führungskraft gearbeitet werden (LOOSS, 1993, S.43ff).

Die steigenden Anforderungen – welche an Führungskräfte und Unternehmen gestellt werden – sind verantwortlich für einen erhöhten Bedarf an Coaching: Die wachsenden Ansprüche liegen in der wirtschaftlichen Entwicklung, der innerbetrieblichen Situation und (meist) in der Familie (vgl. GESSNER 2000, S.236).

Unternehmen überdauerten früher länger ihre Anforderungen und innerhalb der Lebenszeit von Menschen hat sich wenig verändert. Erfahrungen und Wissen wurden über Generationen weitergegeben, dies bedeutete Sicherheit für das Unternehmen und für den Einzelnen (vgl. RÜCKLE 2002, S. 161). Durch die Kompression der Zeit wird heute immer mehr in immer kürzere Zeiträume hineingepackt. Diese zunehmend komplexe und differenzierte Berufswelt wirkt belastend auf die Führungskraft (vgl. BUNER 2000, S. 19). Der damit verbundene steigende Leistungsdruck und die zunehmenden Herausforderungen an sozialer, fachlicher und organisatorischer Kompetenz bei Führungskräften sind verantwortlich für einen entsprechenden Bedarf an Coaching (vgl. TAG 2000, S. 44).

Die bislang vermittelten Wissensinhalte, Fähigkeiten und Fertigkeiten reichen für Führungskräfte nicht mehr aus, um dieser zunehmenden Komplexität gerecht zu werden (vgl. RÜCKLE 2000, S. 51f). Schlüsselqualifikationen – wie interpersonelle Fähigkeiten und Kommunikationskompetenz – werden immer wichtiger. Weiterbildung soll nicht nur Fähigkeiten vermitteln, sondern auch auf den Umgang mit Veränderungen vorbereiten. Sie soll diese begleiten, um dadurch die individuellen Handlungsfähigkeiten der Führungskraft zu erweitern (vgl. O´CONNOR/SEYMOUR 1996, S.20f). Die Förderung der persönlichen Qualitäten ist dabei ausschlaggebend, daher spielt die Persönlichkeitsentwicklung der Führungskraft durch Coaching eine entscheidende Rolle (vgl. SCHIDT-TANGER 1998, S.53f).

Veränderungswillige Rollenträger brauchen im Prozess der Verhaltensänderung in allen Bereichen und Phasen ein Coaching und damit Hilfe von außen, um diesen steuern und kontrollieren zu können. Coaching als „der Blick nach innen" zur Selbstbeobachtung und Selbsterforschung ist nach Rückle für jeden Manager, der seine Führungsaufgabe ernst nimmt, unumgänglich geworden. Die Vereinsamung der Führungskräfte, vor allem in der obersten Ebene, ist der Grund für den Wunsch und die Forderung nach einem Partner, der die eigene Weiterentwicklung fördert und begleitet (vgl. RÜCKLE 2000, S. 48ff).

Durch Coaching wird der Mangel an Feedback für Führungskräfte, eine Auswirkung der schon angesprochenen Vereinsamung, beseitigt. Führungspersonen, die sich häufig in Verhandlungs- und Konkurrenzsituationen befinden, erhalten nur sehr selten eine ehrliche Rückmeldung, die nicht von den Eigeninteressen der Gesprächspartner geleitet ist (vgl. KLEIN 2002, S. 148). Eine Kernfunktion des Coach ist die Rolle als neutraler Feedbackgeber für die Führungskraft, um mit dem Klienten unabhängig, aber nicht gleichgültig, Fragen der beruflichen Rolle klären zu können (vgl. LOOS/RAUEN 2002, S. 132f).

2.5 Barrieren und Hinderungsgründe im Coaching

Obwohl sich der Stellenwert von Coaching als Beratungsform verändert hat und heute ein relativ großer Bedarf dafür vorhanden ist, gibt es nach wie vor Hinderungsgründe, die den Zugang zum Coaching erschweren (vgl. BUNER 2000, S. 17).

In einer von Hankovszky und Buner durchgeführten Untersuchung wird darauf hingewiesen, dass Coaching in Unternehmen nicht oder zu wenig angewendet wird, wobei in 32 Prozent der Fälle die zu geringe Verfügbarkeit von qualifizierten Coachs als Hindernis angegeben wird. Der nicht messbare Nutzen (26 Prozent) ist ein weiterer entscheidender Ablehnungsgrund. Weniger häufig wird die Budgetknappheit (15%) als Hinderungsgrund genannt (vgl. HANKOVSZKY/BUNER 2000, S. 51f).

In einem mittelständischen Unternehmen der chemischen Industrie wurden Schichtleiter im Einzel-Coaching begleitet. Das schlechte Image von Coaching – es wurde mangels an Aufklärung und Information mit dem Begriff „Couching" in Verbindung gebracht, was so viel bedeutet wie „mit dem Coach auf die Couch" – wirkte sich hemmend auf die Inanspruchnahme von Coaching vonseiten der Schichtleiter aus (vgl. FINGER-HAMBORG 2002. S. 350f). Eine von Tag (2000) durchgeführte Studie hinsichtlich der Akzeptanz von Coaching in der öffentlichen Verwaltung hat ergeben, dass sich Führungskräfte mehr Aufklärung und Absenkung der Hemmschwellen für eine „angstfreie" Inanspruchnahme von Coaching wünschen (vgl. TAG 2000, S. 45).

In der Studie von Böning äußerten die Befragten Bedenken hinsichtlich der Manipulation durch den Coach und der Gefahr der Abhängigkeit. Wird Coaching von einer Führungskraft in Anspruch genommen, so kann dies Neid und Missgunst im Kollegenkreis zur Folge haben. Die Übernahme von Verantwortung in Entscheidungsprozessen durch den Coach wird als problematisch angesehen (vgl. BÖNING 2002).

2.6 Coaching-Angebote

Seit Mitte der 90er Jahre erfährt der Coaching-Begriff einen wahren Boom. Nahezu jede beliebige Form der Beratung, des Trainings oder auch von Seminaren wird als Coaching bezeichnet. Daraus resultiert ein Überangebot für Führungskräfte; der Markt ist nur mehr sehr schwer überschaubar. Im Internet finden sich unzählige Coaching-Angebote, die häufig als „XY-Coaching" bezeichnet werden. Einige sind hier beispielhaft angeführt: Medien-Coaching, Styling-Coaching, Job-Coaching, Finanz-Coaching, Fitness-Coaching, E-Mail-Coaching, Private-Coaching, Business-Coaching, Pro-Energy-Coaching, Time-Out-Coaching, TV-Coaching, Tele-Coaching, Change-Coaching, Meilenstein-Coaching, Euro-Coaching, PC-Coaching, EDV-Coaching, IT-Coaching, Online-Coaching, Balance-Coaching, Schiedsrichter-Coaching, Personal-Coaching. Es finden sich mehr als 30.000 Seiten aus Österreich und mehr als 300.000 Seiten im gesamten deutschsprachigen Raum unter den Coaching-Angeboten im Internet (vgl. GOOGLE, 30. Mai 2003). Häufig werden dabei die gleichen Leistungen wie zuvor, jedoch nur unter dem Modewort „Coaching" angeboten. „Alter Wein in neuen Schläuchen" ist ein Motto, das auf viele Coaching-Angebote zutrifft (vgl. RÜCKLE 2000).

Trotz dieser Entwicklung hat sich die ursprüngliche Form des Coachings als eine individuelle Beratung und Begleitung von Führungskräften (Kapitel 1.1) heute fachlich etabliert. Es wird in diesem engeren Sinn als Begriff akzeptiert und als Maßnahme der Personalentwicklung angenommen (vgl. BÖNING 2002).

Führungskräfte-Coaching wird in Form von verschiedenen Settings angeboten: Führungskräfte bearbeiten gemeinsam mit ihrem Coach, entweder unter "vier Augen" oder in einer Kleingruppe, alle für sie aktuell relevanten Fragestellungen. Coaching kann somit als Maßnahme der Personalentwicklung, die sich auf die Belange des Einzelnen zuschneiden lässt oder Gruppen als Dialogform für Freud und Leid dient, angesehen werden.

Das Setting von Coaching kann nach Schreyögg (1998) in folgende Bereiche gegliedert werden:

Das **Einzel-Coaching** stellt sicher die häufigste Form dar, in der Coaching praktiziert wird. Es garantiert ein Maximum an Intimität und vor allem eine konsequente Arbeit an den jeweiligen Themen des Klienten. Diese Form wird häufig von Personen mit Führungsverantwortung und Managementaufgaben sowie von Selbstständigen gewählt.

Im **Gruppen-Coaching** konzentriert sich der Coaching-Prozess auf eine Gruppe von Personen, die sich meist auf einer gleichen Hierarchieebene befinden, jedoch in keinem bestimmten Funktionszusammenhang stehen. Häufig stammen die Klienten aus unterschiedlichen Organisationen. Die Form des Settings enthält zwar einen geringen Grad an Intimität, ermöglicht jedoch auf der anderen Seite eine breite Auseinandersetzung mit Fragen, die alle Teilnehmer gleichermaßen betreffen können.

Das **Team-Coaching**, welches häufig auch als System-Coaching benannt wird, kann als eine Sonderform des Gruppen-Coachings betrachtet werden. Der Unterschied liegt jedoch darin, dass hier zwischen den Klienten ein Funktions- oder Systemzusammenhang besteht, d.h., es handelt sich hierbei um die Beratung einer organisatorischen Einheit, wobei Maßnahmen kollektiver Personalentwicklung in erster Linie bearbeitet werden. Das Einbringen von personennahen Themen wird durch die Anwesenheit von KollegInnen erschwert, da der Einzelne Angst davor hat, bloßgestellt und beschämt zu werden. Genutzt wird dieses Setting beispielsweise von Führungsteams und Abteilungen.

Als eine Sonderform des Team-Coachings kann das **Projekt-Coaching** angesehen werden, wo mehrere Personen, welche durch ein Projekt in einem Funktionszusammenhang stehen, mit begleitenden Maßnahmen unterstützt werden.

Diese unterschiedlichen Coaching-Varianten haben sich aufgrund der Anforderungen des Personalentwicklungsmarktes herausgebildet und sind somit eine Reaktion auf die Nachfrage nach Beratung für individuelle Anliegen (vgl. RAUEN 2002).

2.7 Kriterien für die Auswahl eines Coach

Als wichtige Kriterien für die Auswahl eines Coach werden die fachlichen Kompetenzen – im psychosozialen und (betriebs-)wirtschaftlichen Bereich – sowie die persönlichen Kompetenzen angesehen (vgl. RAUEN 2001, S. 150). Ausbildungen in psychologischer Hinsicht, wie beispielsweise ein Psychologie-Studium, sind für die Qualifikation des Coach von Vorteil (vgl. HAUSER 1991, LOOSS 1991, ROTH 1995). Die psychologische Kompetenz und Sensibilität des Coach ist einerseits unverzichtbar für eine unterstützende Beratungsleistung im Coaching. Andererseits besteht dadurch die Gefahr, die Anliegen des Klienten aus dem Spannungsfeld des Unternehmens zu lösen und zu personalisieren. Daher ist im Coaching vor allem auch die Kompetenz des Coach für das Gesamtsystem erforderlich (vgl. BACKHAUSEN/THOMMEN 2003, S. 196f).

Neben den beschriebenen Kompetenzen ist auch die Akzeptanz des Coaching-Konzepts im Unternehmen ein wesentliches Kriterium (vgl. WREDE 2002, S. 253ff). Nach der von Hankovszky und Buner durchgeführten Untersuchung ist die Offenheit des Coach und dessen Methodenkompetenz eine zentrales Kriterium für die Coach-Auswahl. Ausbildungsnachweise und

Branchenkenntnisse spielen demnach eine untergeordnete Rolle (vgl. HANKOVSZKY/BUNER 2000, S. 52ff). Die Felderfahrung des Coach ist nur bedingt maßgebend im Coaching. In jedem Fall ist dies jedoch die Beratungsbeziehung, die, wenn sie nicht passt, ein Ausschlusskriterium für die Wahl eines Coach darstellt (vgl. LOOSS/RAUEN 2002, S. 133).

Die Verschwiegenheit des Coach ist als Kriterium unabdingbar, da sie die Basis für das Vertrauen des Coaching-Klienten in den Coach bildet. Ohne Vertrauen kann ein Coaching nicht zum gewünschten Beratungserfolg führen (vgl. GESSNER 2000, BUNER 2000, LOOSS/RAUEN 2002, VOGELAUER 2002). Die Auswahl des Coach erfolgt schlussendlich meist über persönliche Empfehlungen durch gute Bekannte und Freunde (vgl. SCHNEIDER 2000, S. 28).

Qualitätskriterien, die vom Coach angewendet werden, sollen gewährleisten, dass Coaching als professionelles Beratungskonzept erhalten bzw. ausgebaut werden kann. Diese Kriterien umfassen die Bereiche Struktur-, Prozess- und Ergebnisqualität im Coaching:

Unter **Strukturqualität** ist die Ausstattung in personeller, materieller und räumlicher Hinsicht des Coachings gemeint. Die Fragestellung „WAS brauchen wir für das Coaching?" ist für diese Qualitätsdimension entscheidend, wobei der Coach, der Klient, deren Beziehung zueinander und das Unternehmen in die Strukturqualität miteinfließen.

Unter **Prozessqualität** fallen alle Handlungen, die zur Zielerreichung notwendig sind. „WIE machen wir es?" steht als Fragestellung im Vordergrund.

Unter **Ergebnisqualität** fällt der Grad des Coaching-Erfolges, d.h. die Ziele, die durch die Coaching-Maßnahme erreicht wurden. „WAS soll dabei herauskommen?" ist in Bezug auf die Ergebnisqualität die entscheidende Frage.

Hess und Roth haben diesen drei Qualitätsdimensionen, die unabhängig voneinander von Bedeutung sind, 50 Kriterien zugeordnet, die dabei helfen sollen, die Qualität von Coaching zu sichern (vgl. HESS/ROTH 2001, S. 63).

2.8 Zusammenfassung

Ausgehend vom aktuellen Stand der Diskussion, kann gefolgert werden, dass die Verbreitung von Coaching in Unternehmen zunimmt und es mittlerweile als ein fixer Bestandteil der Personalentwicklung angesehen wird.

Vergleicht man die einzelnen Aussagen, so sind diese sehr unterschiedlich im Hinblick auf den Grad der Coaching-Verbreitung: Während Rückle (2002), der sich sehr allgemein auf Untersuchungen im deutschsprachigen Raum bezieht, von einer Verbreitung von 20% ausgeht, ergeben konkrete Studien von Vogelauer (2002) in Unternehmen in der Schweiz, in Deutschland und in Österreich eine deutlich höhere Verbreitung von 78%. Böning (2002) hat in einer Untersuchung in Deutschland, welche in rund 100 Unternehmen aus elf verschiedenen Branchen durchgeführt wurde, eine Verbreitung von 85% festgestellt.

Coaching wird als Dienstleistung in der Wirtschaft – in großen und vermehrt auch in kleinen Betrieben, Verwaltungen und Institutionen – angeboten. Als häufigste Form wird – neben anderen Coaching-Varianten wie Gruppen-, Team-, und Projekt-Coaching – das Einzel-Coaching eingesetzt. Eine mögliche Erklärung dafür liegt darin, dass dieses Setting ein Maximum an Diskretion und Individualität in der Beratung zulässt. Zur Zielgruppe gehören häufig Führungskräfte aus der mittleren und oberen Ebene des Managements sowie Selbstständige. Die angeführten Untersuchungen im Kapitel 2.1 zeigen, dass von Personen in Führungspositionen unter dem Begriff „Coaching“ vorwiegend die individuelle Begleitung und Betreuung von Führungskräften verstanden wird.

Als Anlässe für die Inanspruchnahme von Coaching gelten die Erweiterung der Fähigkeiten auf der Verhaltensebene, die Persönlichkeitsentwicklung der Führungskraft, die Verbesserung der Führungssituation, die Problem- und Konfliktlösung sowie die Vorbereitung auf neue Aufgaben. Coaching wird einerseits als berufsbezogene Unterstützungsleistung für die Führungskraft in ihrer Funktion und andererseits als Hilfestellung für persönliche Probleme und Krisen verstanden. Bei persönlichen Problemen hat Coaching zum Ziel, die Führungskraft in schwierigen und blockierenden Situationen wieder handlungsfähig zu machen. Im Falle von beruflichen Vorhaben steht hingegen die Verbesserung der Effektivität der eigenen Handlung der Führungskraft im Mittelpunkt des Beratungsprozesses.

Interessant erscheint in der in Kapitel 2.2 angeführten Diskussion, ob die Anlässe für ein Coaching seitens der Führungskraft vermehrt negativ besetzte Probleme und Krisen oder positiv besetzte Entwicklungs- und Veränderungsvorhaben sind. Untersuchungen unter Führungskräften zeigen, dass hier eine Veränderung eingetreten ist. Anlassfälle sind heute im Gegensatz zu früher weniger Probleme als vielmehr Vorhaben. Erfahrene Coachs hingegen sind der Ansicht, dass nach wie vor hauptsächlich Problemsituationen für die Inanspruchnahme von Coaching verantwortlich sind. Die Inselposition der Führungskraft und der damit verbundene Mangel an Reflexionsmöglichkeit ist demnach eine Begründung dafür.

Das Spannungsfeld zwischen Person, Rolle und Organisation, in dem sich die Führungskraft bewegt, bildet den Bezugsrahmen für die Beratung. Als sehr nützlich hat sich die Kombination von Coaching mit anderen Weiterbildungsmaßnahmen erwiesen. Durch begleitende Coaching-Maßnahmen kann beispielsweise – wie in Kapitel 2.3 dargestellt – die Umsetzung von Seminarinhalten und -zielen durch die Führungskraft hilfreich unterstützt und damit auch verbessert werden.

Es besteht – wie im Kapitel 2.4 beschrieben – ein wachsender Bedarf an Coaching. Verantwortlich dafür sind die steigenden Anforderungen, welche im betrieblichen, wirtschaftlichen und häufig auch familiären Bereich an die Führungskraft gestellt werden. Wissen und Fähigkeiten, die in den traditionellen Führungskräfte-Trainings und -Seminaren vermittelt werden, reichen nicht mehr aus, um den rasanten Veränderungen im Berufsleben gerecht zu werden. Führungskräfte benötigen daher eine individuelle Begleitung und Beratung in immer schwieriger werdenden beruflichen Prozessen.

Obwohl der Markt mittlerweile eine unübersichtliche Fülle von Coaching-Angeboten bereitstellt (Kapitel 2.6) – ein einheitliches Verständnis dieses Begriffs ist nicht vorhanden – hat sich Führungskräfte-Coaching trotzdem als ein festes Instrument der Personalentwicklung etabliert. Es wird heute in Form von Einzel-, Gruppen-, Team- und Projekt-Coaching den Führungskräften angeboten.

Für die Auswahl des Coach ist aus der Sicht von Führungskräften die Offenheit und Methodenkompetenz ein zentrales Kriterium, wobei Felderfahrung und Ausbildungsnachweise erstaunlicherweise nur eine untergeordnete Rolle spielen. Um die Qualität von Coaching als professionelles Beratungsinstrument am Markt zu sichern und den Auswirkungen des Coaching-Booms entgegenzuwirken, wurden für Coachs Qualitätskriterien festgelegt. Von erfahrenen Coachs wurden dazu auf der Ebene der Struktur-, Prozess- und Erlebnisqualität eines Coachings Standards festgelegt.

Aus dem bisher Gesagtem ergeben sich für die weitere Betrachung folgende Fragestellungen: Aus dem erörterten, wachsenden Bedarf an Coaching für Führungskräfte ergibt sich die Frage, ob dieser auch tatsächlich bei Führungskräften in Unternehmen vorhanden ist. Es wird zu klären sein, welche Herausforderungen und Problemstellungen für diese Führungskräfte zu meistern sind und in welcher Form sich daraus ein Bedarf an externer Unterstützung durch Coaching ableiten lässt. Weiters soll der Frage nachgegangen werden, welche Anlässe – aus der Sicht von Personalverantwortlichen und Führungskräften – für ein Coaching ausschlaggebend sind und in welchen Situationen es als hilfreich und nützlich eingeschätzt wird.

Ebenfalls soll diskutiert werden, welche Barrieren und Hinderungsgründe für die Inanspruchnahme von Coaching gesehen werden. Des Weiteren soll die Frage beantwortet werden, wie hoch die Verbreitung von Coaching im Allgemeinen und in Abhängigkeit von der Unternehmensgröße im Besonderen ist.

3 Verbreitung – Nutzen – Barrieren

Studie 1: Coaching aus der Perspektive von Personalverantwortlichen und Führungskräften

3.1 Ausgangssituation

3.1.1 Forschungsfrage

In dieser Studie wird der Frage nachgegangen, welchen Stellenwert Führungskräfte-Coaching in den Unternehmen des Microelectronic Clusters in Kärnten hat, wie stark es verbreitet ist und inwieweit es von den Führungskräften als Beratungsform genutzt wird. Dabei sollen die Meinungen und Erfahrungen in Bezug auf die Anlässe, den Nutzen und die Hilfestellung von Führungskräfte-Coaching untersucht werden. Weiters soll erforscht werden, welche Barrieren und Hinderungsgründe in Bezug auf die Inanspruchnahme von Coaching nach Meinung von Personalverantwortlichen und Führungskräften vorhanden sind und welcher Bedarf aufgrund der bestehenden Problemstellungen und Herausforderungen an Führungskräfte gegeben ist.

3.1.2 Forschungsfeld

Als Forschungsfeld wurden Unternehmen im Raum Kärnten gewählt. Dieses hat im österreichischen Vergleich eine geringere Anzahl an Großunternehmen (vgl. WKO-STATISTIK 2002). Um dennoch ein möglichst breites Spektrum an Klein-, Mittel- und auch Großunternehmen in dieser Studie zu erfassen, wurde als Untersuchungsfeld der Microelectronic Cluster (me2c) in Kärnten gewählt: Der me2c - Microelectronic Cluster ist ein Netzwerk aus verschiedensten Betrieben, Ausbildungseinrichtungen und Forschungszentren im Umfeld der Mikroelektronik und Elektronik. Ziel ist es, die zwischenbetriebliche Zusammenarbeit zu intensivieren, die unterschiedlichen Fähigkeiten und Ressourcen zu nutzen sowie neue Potentiale gemeinsam zu erschließen.

Dabei wird besonderes Augenmerk auf die vorhandenen Stärken der einzelnen Partnerfirmen gelegt. Durch die Zusammenführung der Kernkompetenzen (...) wird die Basis für eine gemeinsame zukunftsorientierte Entwicklung geschaffen und die internationale Wettbewerbsfähigkeit gesteigert (vgl. MICROELECTRONIC CLUSTER 2003a).

Der Cluster hatte zum Zeitpunkt der Untersuchung insgesamt 89 Unternehmen als Mitglieder registriert. Darunter waren – gemessen an der Mitarbeiterzahl – 62 Klein-, 19 Mittel- und acht Großunternehmen.

Durch die Wahl des Clusters wurde es auch möglich, eine relativ große Zahl an Kärntner Unternehmen, die als Mitglieder in einer Liste erfasst sind, einfach und schnell zu kontaktieren (vgl. MICROELECTRONIC CLUSTER 2003a).

3.1.3 Forschungsmethode

Basierend auf der Forschungsfrage und den gewonnen Erkenntnissen aus dem vorhergehenden Kapitel wurde ein Interview-Leitfaden für die Befragung von Personalverantwortlichen aus Unternehmen des Microelectronic Clusters entwickelt. Diese Befragung hatte zum Ziel, Informationen über Meinungen, Einstellungen, Erfahrungen und Wissen in Bezug auf Coaching aus der Sicht der Unternehmen zu erhalten. Die Ergebnisse dieser Interviews bildeten die Basis für die Entwicklung eines Fragebogens, welcher für die Befragung von Führungskräften in den Unternehmen des Microelectronic Clusters in Kärnten verwendet wurde.

3.2 Interviews mit Personalverantwortlichen

Die Befragung mittels Interview hatte zum Ziel, Coaching aus der Sicht der Personalverantwortlichen zu beleuchten. Dabei sollte herausgefunden werden, welche Meinungen und Einstellungen über Coaching für Führungskräfte vorherrschen und wie dies in den jeweiligen Unternehmen genutzt wird. In dieser Befragung geht es nicht darum, vorgefasste Annahmen zu überprüfen, sondern deskriptiv und explorativ an das zu untersuchende Feld heranzugehen.

3.2.1 Erhebungsmethode

Hierbei wurde die Methode des teilstrukturierten Interviews angewendet. Das Interview basiert auf einem Gesprächsleitfaden und dient der Exploration der Untersuchungsthematik. Das Ziel liegt darin, dass durch die offene Gesprächsführung und die Erweiterung von Antwortspielräumen der Bezugsrahmen des Befragten bei der Fragebeantwortung miterfasst wird. Dadurch ergibt sich ein Einblick in die Relevanzstrukturen und in die Erfahrungshintergründe des Befragten (vgl. SCHNELL 1995, S. 352f).

INTERVIEW-LEITFADEN

Der Leitfaden für die Interviews wurde aufgrund der Literaturrecherche und auf Basis persönlicher Erfahrungen erstellt. Dieser beinhaltet die Forschungsthemen und dient einerseits als Gedächtnisstütze, andererseits als Orientierungsrahmen, um die Vergleichbarkeit der Interviews zu sichern.

Der Leitfaden enthält folgende Punkte:

- Art des Unternehmens, Mitarbeiterzahl
- Position und Verantwortungsbereich
- Biographische Daten
- Problemstellungen und Herausforderungen des Unternehmens
- Ansprüche an und Hilfestellungen für Führungskräfte, Stellenwert von Coaching
- Meinungen, Einstellungen, Überzeugungen zum Thema „Coaching“
- Coaching im Unternehmen: Bedarf, Anlässe, Angebote, Einführung, Auswahl
- Nutzen, Vorurteile, Hemmnisse und Verbreitung von Coaching (Interviewleitfaden im Detail, siehe Anhang Studie 1)

INTERVIEWTEILNEHMER

Für die empirische Recherche sind Personalverantwortliche aus Klein-, Mittel- und Großunternehmen des Microelectronic Clusters befragt worden. Nach einer geschichteten Wahrscheinlichkeitsstichprobe (vgl. FRIEDRICH 1990, S. 140f) wurden jeweils drei Unternehmen aus Klein-, Mittel und Großunternehmen auf Basis der Mitgliedermappe des Clusters ausgewählt. Danach ist bei den Personalverantwortlichen die Bereitschaft, für ein Interview zur Verfügung zu stehen, angefragt worden. Die Kontaktaufnahme erfolgte im ersten Schritt durch Anschreiben mittels E-Mail, im zweiten Schritt wurde telefonisch ein Termin vereinbart.

Alle kontaktierten Unternehmen haben in ein Interview eingewilligt. In zwei Großunternehmen wurde seitens der Personalleitung jeweils auf einen Mitarbeiter der Personalabteilung als Interviewpartner verwiesen.

INTERVIEWDURCHFÜHRUNG

Die durchgeführten Interviews mit einer Dauer von jeweils ca. 45 Minuten wurden auf Tonband aufgezeichnet. Sie fanden in den Büros der Interviewteilnehmer bzw. in Besprechungsräumen statt. Mit einer Ausnahme, Interview Nr. 4, wurden alle Interviews unter vier Augen durchgeführt.

Eingangs wurde nach einer kurzen persönlichen Vorstellung dem Interviewten der Inhalt der Untersuchung im Microelectronic Cluster erläutert und der Begriff Coaching definiert:

Inhalt der Untersuchung: Durchführung einer empirischen Studie im Bereich des Microelectronic Clusters in Kärnten. Ziel dieser Untersuchung ist es, auf Grundlage einer Befragung von Führungskräften eine Bestandsaufnahme in Bezug auf Coaching von Führungskräften vorzunehmen (Verbreitung, Grundverständnis, Hindernisse, etc.).

Definition von Coaching: Coaching ist eine persönliche Beratung von Führungskräften durch einen externen Coach. Dieses Führungskräfte-Coaching bietet Führungskräften einzeln oder in Gruppen über einen bestimmten Zeitraum Hilfestellung und Unterstützung im beruflichen Alltag.

Im Folgenden sind die durchgeführten Interviews nach Funktion und Verantwortungsbereich der Befragten sowie nach der Unternehmensart aufgelistet:

	Funktion	**Verantwortungsbereich**	**Unternehmensart**
Interview 1:	Personalmanager	Personal- und Organisationsentwicklung	Großunternehmen
Interview 2:	Mitarbeiter der Personalabteilung	Weiterbildung und Personalentwicklung	Großunternehmen
Interview 3:	Mitarbeiter der Personalabteilung	Weiterbildung	Großunternehmen
Interview 4:	Alleiniger Geschäftsführer	Unternehmen gesamt	Mittelunternehmen
	ein Abteilungsleiter	Controlling und Personal	
Interview 5:	Alleiniger Geschäftsführer	Unternehmen gesamt	Mittelunternehmen
Interview 6:	Geschäftsführer (einer von zwei)	Unternehmen gesamt	Mittelunternehmen
Interview 7:	Alleiniger Geschäftsführer	Unternehmen gesamt	Kleinunternehmen
Interview 8:	Geschäftsführer (einer von zwei)	Unternehmen gesamt	Kleinunternehmen
Interview 9:	Alleiniger Geschäftsführer	Unternehmen gesamt	Kleinunternehmen

Abbildung 4

Interviewteilnehmer: Interviews mit Personalverantwortlichen

Während des Interviews wurde dem vorstrukturierten Leitfaden nicht sklavisch gefolgt, vielmehr wurde dieser in Abhängigkeit vom Interviewverlauf flexibel gehandhabt. Damit wurde gewährleistet, aus der Perspektive der befragten Personalverantwortlichen für Neues, Unerwartetes usw. offen zu sein, und das Gespräch konnte dadurch auch fließender verlaufen.

3.2.2 Auswertungsmethode

Bei der Auswertung des Datenmaterials wurde mit der qualitativen Inhaltsanalyse nach Mayring (1997) im Reduktionsverfahren gearbeitet, weil mit Hilfe dieses Verfahrens die für die Thematik relevanten Kategorien aus einer Datenfülle extrahiert werden können. Ziel der Reduktion ist es, das Material so zusammenzufassen, dass die wesentlichen inhaltstragenden Elemente erhalten bleiben und ein Text entsteht, der im Hinblick auf die Hauptfragestellung die wesentlichen Einzelaussagen der Befragten paraphrasiert.

Im ersten Schritt wird nach Mayring festgelegt, welches Material genutzt und analysiert wird. Dem folgt die Analyse der Erhebungssituation. In diesem Fall ist damit der Kontext der Interviews gemeint. Der dritte Schritt stellt die formale Charakterisierung des Materials dar, in der beschrieben wird, wie es erhoben und zur weiteren Bearbeitung aufbereitet wurde.

Mit dem vierten Schritt beginnt die eigentliche Analyse des zugrunde liegenden Datenmaterials, nachdem eine der Auswertungstechniken ausgewählt worden ist. Hierbei werden Analyseeinheiten festgelegt, die dann paraphrasiert werden. Dabei werden Ausschmückungen gestrichen und nur jene für die Auswertung wichtigen Aussagen werden übernommen. Somit wird das Material zum ersten Mal reduziert. Anschließend werden gleiche Gesprächsinhalte zu Themen zusammengefasst.

Im nächsten Schritt folgt die Bildung von Kategorien, in welche die Themen eingeordnet werden. Die zweite Reduktion des Materials wird nun durch

Streichungen mit einer Generalisierung im Sinne der Zusammenfassung auf einem höheren Abstraktionsniveau durchgeführt. Das bedeutet, die Kategorien werden zusammenhängend dargestellt und ähnliche oder gleiche Passagen aus der ersten Reduktion werden auf eine Aussage reduziert.

Nachdem all diese Schritte am auszuwertenden Datenmaterial durchgeführt worden sind, liegt nun eine deutlich reduzierte und vergleichbare Datensammlung in Form von relativ übersichtlichen Texten vor. Die Ergebnisse der Fragestellung können dann durch vergleichende Textbearbeitung herausgefunden und dargestellt werden.

Die Methode der Auswertung nach Mayring wurde gewählt, da durch sie Übersichtlichkeit innerhalb des gesammelten Datenmaterials entsteht und die Textfülle auf das Wichtigste reduziert wird (vgl. MAYRING 1997, S. 42ff).

3.3 Ergebnisse der Interviews mit Personalverantwortlichen

Im Folgenden sind die Ergebnisse der neun ausgewerteten Interviews, welche mit je drei Personalverantwortlichen aus Klein-, Mittel- und Großunternehmen des Microelectronic Clusters in Kärnten geführt wurden, zusammengefasst dargestellt:

3.3.1 Verbreitung von Coaching

In zwei Großunternehmen wurde in der Vergangenheit Führungskräfte-Coaching praktiziert. Führungskräfte wurden in Hinblick auf ihre Persönlichkeitsentwicklung und die Entwicklung ihrer Führungskompetenz gecoacht. Nach anfänglichen Bedenken und Unsicherheit in Bezug auf die Diskretion im Coaching wurde es von den Führungskräften sehr gut angenommen. Bedenken bezüglich der Auswertungen und missbräuchlicher Informationsweitergabe waren die Gründe für das Misstrauen am Beginn, welche durch vertrauensbildende Maßnahmen, wie das Klären von Fragen und die Gewährleistung der Anonymität, beseitigt wurde. Neben Seminaren bietet

Coaching eine weitere Möglichkeit zur Persönlichkeitsentwicklung. Die Einführung erfolgte in einem Fall durch ein Coaching-Projekt und im anderen Fall aufgrund eines persönlichen Wunsches von Führungskräften im Zuge eines Seminars. Durch das Coaching wurde die Bereitschaft zur Offenheit der Führungskräfte gefördert, auch Familiäres und Privates einzubringen. Es bewirkte eine Bestärkung des Einzelnen.

In einem Großunternehmen und in den drei Klein- und Mittelunternehmen spielte Führungskräfte-Coaching in der Vergangenheit keine Rolle und es gibt keine Erfahrungen mit diesem Beratungsinstrument. Ein Mittelunternehmen hat Erfahrungen mit internem Coaching – im Sinne eines gegenseitigen Coachens von Führungskräften auf Basis eines offenen Umgangs miteinander und gegenseitiger Akzeptanz – gemacht.

3.3.2 Meinungen und Nutzen in Bezug auf Coaching

In Großunternehmen wird Coaching als begleitende Maßnahme positiv eingeschätzt. Es stellt, nachdem anfängliche Barrieren und Distanzen überwunden sind, eine Bereicherung dar. Das Angebot übersteigt derzeit die Nachfrage und es ist schwer, die richtige Auswahl zu treffen. In Mittelunternehmen wird Coaching als gutes Instrument zur Beseitigung von Defiziten und als Horizonterweiterung angesehen. Einfachere Wege z. B. Mitarbeiter-Feedback stellen eine Alternative dar. Coaching kann in Hinblick auf das Selbst- und Fremdbild für jene Führungskräfte hilfreich sein, die mit niemandem ein offenes Gespräch führen können. In Unternehmen mit einem offenen Klima sei, nach Aussage eines Personalverantwortlichen, Coaching demnach nicht notwendig. Für junge Führungskräfte ist Coaching eine sinnvolle Begleitung. Ein Interviewteilnehmer äußerte sich sehr positiv und verbindet mit Coaching Lernerfolge in Bezug auf Sicherheit in der Führungsposition. In einem Kleinunternehmen hat Coaching wegen negativen Erlebnissen mit Beratern ein schlechtes Image.

Die Hilfestellung für die Führungskraft liegt in der Weiterentwicklung der Persönlichkeit, in der Horizonterweiterung und im Ausbau der Führungskompetenz. Durch Coaching wird die Fähigkeit zur Reflexion gefördert und die Sensibilität erhöht. Die Führungskraft gewinnt durch den externen Coach eine Außenperspektive und profitiert von den Erfahrungen des Coach. Für das Unternehmen liegt der Nutzen in der verbesserten Mitarbeiterführung und der damit verbundenen höheren Produktivität des Unternehmens. Die Führungskraft erkennt Problemfelder und setzt gezielt Lösungen um.

3.3.3 Bedarf an Coaching

Die zentralen Problemstellungen und Herausforderungen der Unternehmen liegen in der hohen Flexibilität bedingt durch die raschen Veränderungen am Markt sowie in der Bewältigung der Auswirkungen infolge der derzeitigen Krise in der Elektronik-Branche. Ein Kleinunternehmen verzeichnet in den letzten Monaten ein großes Wachstum und damit verbundene hohe organisatorische Anforderungen.

An Führungskräfte ergeben sich daraus Ansprüche, welche sich in der raschen Reaktion auf die sich ändernden Marktbedürfnisse beziehen. Motivation, Förderung und vertrauensbildende Maßnahmen stehen in der Mitarbeiterführung an oberster Stelle. In Mittelunternehmen ergeben sich neue Anforderungen im Projektmanagement und im Vertrieb. Soziale Kompetenz und Kommunikationskompetenz im Unternehmen und im Kontakt mit Externen sind bedeutsame Ansprüche an Führungskräfte. In Kleinunternehmen werden zusätzliche Kompetenzen von Technikern in Führungspositionen im Bereich der Personalentwicklung und der Betriebswirtschaft abverlangt.
Externe Beratung der Unternehmen findet durch Organisationsberater und durch Fachexperten statt. Führungskräfte werden durch Seminare und Entwicklungsprogramme zum Thema „Führungskompetenz“ begleitet. Auf der persönlichen Ebene wird Beratung primär durch gute Bekannte aus derselben Branche und durch Freunde in Anspruch genommen. In einem

Kleinunternehmen herrscht Skepsis gegenüber Beratungsfirmen, die zu sehr hohen Preisen ihre Leistungen anbieten. In diesem Unternehmen wird speziell technische, jedoch keine organisatorische oder persönliche Beratung in Anspruch genommen.

In den zwei Großunternehmen, die Erfahrungen mit Coaching haben, wird es in Anspruch genommen, wenn Probleme im beruflichen Bereich mit jemandem von außen besprochen werden sollen. Diese beziehen sich auf schwierige Situationen im Arbeitsprozess und wenn Führungskräfte selbst nicht mehr zurechtkommen, wie beispielsweise bei persönlichen Problemen, seelischen Tiefs, Unwohlsein und Stress.

In den Unternehmen ohne Coaching-Erfahrung wurden in Bezug auf einen möglichen Bedarf an Coaching folgende Angaben gemacht:

In zwei Kleinunternehmen besteht nach Angabe der Personal-verantwortlichen Bedarf, ein Coaching in Anspruch zu nehmen. Dieser bezieht sich auf Themen der Mitarbeiterführung und des Konfliktmanagements. In einem Großunternehmen, sowie in den Mittel- und in einem Kleinunternehmen besteht derzeit nach Ansicht der Befragten kein Coaching-Bedarf. Dieser würde erst durch ein Nicht-mehr-Zurechtkommen, ein Nicht-mehr-Weiterwissen und ein Nicht-mehr-entscheidungsfähig-Sein der Führungskraft zustande kommen oder wenn die Führungskraft von den Mitarbeitern „abgeschnitten" wäre.

Weitere Anlässe für ein Coaching wären:

- Themen der Führungskultur und Verhaltensmuster
- Defizite in der Persönlichkeit, die in bestimmten Situationen auftreten
- Deutlich gestörte interne Kommunikation
- Stress und Druck infolge der Überbelastung durch Projektaktivitäten
- Richtungsentscheidungen und Standortbestimmungen
- Neue Aufgaben in Verbindung mit einer neuen Führungsrolle

Eine zukünftige Einführung von Coaching ist in den Unternehmen ohne Coaching-Erfahrung, mit Ausnahme eines Kleinunternehmens, für welches ein Coaching, bedingt durch ein weiteres Wachstum des Unternehmens, in Frage käme, derzeit nicht geplant. In einem Mittelunternehmen vertritt ein Interviewteilnehmer den Standpunkt, dass, würde man Coaching anbieten, der Mitarbeiter den Eindruck hätte, die Geschäftsleitung habe kein Vertrauen mehr in ihn. Der Mitarbeiter wäre im Rahmen seiner Freiheiten beschränkt und würde meinen, nicht mehr fähig zu sein, seine Aufgaben zu lösen und deshalb ein „Aufpasser“ entsandt werde. Es gehe ja im Coaching um Schwächen, die ausgebessert werden müssten. In einem weiteren Mittelunternehmen war man der Ansicht, dass vor der Einführung von Coaching Überzeugungsarbeit geleistet werden müsse und der Mitarbeiter nicht zwangsgeglückt werden dürfe.

Die Unternehmen wollen die Verbreitung von Coaching gegenwärtig nicht fördern. In einem Großunternehmen wird es bei Bedarf angeboten, da es ein gutes Mittel im Bereich der Förderung der Führungskompetenzen darstellt. In Mittelunternehmen wird eine Fülle von Beratungen angeboten. Die Aufgeschlossenheit gegenüber neuen Instrumentarien ist zwar gegeben, im Coaching wird jedoch nicht das große Verbesserungspotential für die Organisation gesehen. Entweder muss es als eines von mehreren Tools Teil eines Führungskräfte-Entwicklungsprozesses sein oder explizit eine Situation auftreten, in der es Sinn macht. Ein Kleinunternehmen wird es bei weiterer Wachstumssteigerung des Unternehmens eventuell einführen.

Die Verbreitung von Coaching in den Unternehmen des Microelectronic Clusters wird als gering eingeschätzt. Die Einschätzungen liegen bei 20% und darunter. Von Personalverantwortlichen aus Kleinunternehmen wird nur in größeren Betrieben ein Vorhandensein von Coaching vermutet. Es ist die Meinung vorherrschend, dass Coaching in kaum verbreitet ist. Es stellt einen sehr sensiblen Bereich dar, und selbst wenn es in Anspruch genommen wird, würde dies die Führungskraft nicht zugeben, da sie sehr von sich eingenommen sei.

3.3.4 Barrieren und Hinderungsgründe

Es gibt Zutrittsbarrieren, die in der Unwissenheit über Coaching gründen. Ein weiteres Hindernis ist die Bereitschaft zur Offenheit, im Coaching über Defizite und Schwächen in so persönlicher Form zu sprechen. Für Führungskräfte ist dies besonders schwer, da sie in der Regel keine Rückmeldungen über ihre Schwächen erhalten. Die Angst, therapiert zu werden, stellt eine zusätzliche Hemmschwelle dar. In Kleinunternehmen hemmt das Vorurteil, dass der Coach die Probleme der Führungskraft nicht kennt und er ihr somit auch nicht helfen kann. Ein weiteres Hemmnis liegt in den Kosten für ein Coaching, welche den Unternehmen vereinzelt auch nicht bekannt sind.

3.3.5 Coaching-Angebot

In einem Groß- und in den drei Mittelunternehmen gibt es derzeit kein konkretes Angebot für Führungskräfte, ein Coaching in Anspruch zu nehmen. Angebote am Markt gibt es genug, jedoch ist die persönliche Beziehung und ein Vertrauensverhältnis ausschlaggebend für die Auswahl eines Coach. Coaching wird als „fast therapeutische Arbeit“ eingeschätzt und es ist entscheidend, dass die Chemie zwischen den handelnden Personen stimmt.
In einem Mittelunternehmen würde ein Coaching bei Bedarf schnell organisiert werden. Die Führungskraft würde den Wunsch von sich aus kundtun und danach selbst initiativ werden oder die Personalabteilung würde einen Coach vermitteln. Seitens der Personalabteilung würde man vorher eine Bedarfserhebung durchführen und dann mit erfahrenen Partnern Kontakt aufnehmen.

In den Kleinunternehmen gibt es unterschiedliche Erfahrungen mit Angeboten. Ein Personalverantwortlicher antwortet auf die Frage, ob ihm Führungskräfte-Coaching angeboten wurde, mit: „Kann ich nicht beantworten, man bekommt zur Zeit so viel Beratungsangebote, dass sie ohne weiteres in den Papierkorb gehen und ob da jetzt so etwas wie Führungskräfte-Coaching dabei war, kann ich einfach nicht sagen.“ Ein weiterer Interviewteilnehmer gibt an, dass es immer wieder Consultants gibt, von denen man E-Mails bekommt oder angerufen wird. Er halte davon persönlich nicht sehr viel. Die beste Werbung sei nach wie vor die Mundpropaganda, d.h. wenn man von irgendjemandem empfohlen wird. Er empfinde das eher als lästig, wenn er angerufen und gefragt werde, ob er einen Bedarf hätte.

3.3.6 Kriterien für die Auswahl eines Coach

Unternehmen mit Coaching-Erfahrung: Vertrauen ist das wesentliche Kriterium bei der Auswahl eines Coach. Die Coachs waren dem Unternehmen durch Seminare bekannt. Ausbildungen und Zertifikate sind Kriterien für Coachs, die dem Unternehmen nicht vertraut sind. Psychologisches Wissen ist bei der Bearbeitung von persönlichen Themen erforderlich. Die Feldkompetenz wird als nicht entscheidend und abhängig von der Themenstellung eingeschätzt. Sie kann sowohl hilfreich in Bezug auf das Verständnis für die Abläufe im Unternehmen als auch einschränkend hinsichtlich der Kreativität und des Querdenkens sein.

Unternehmen ohne Coaching-Erfahrung: Die Auswahl des Coach würde in erster Linie nach dem Gefühl und persönlich von den jeweiligen Führungskräften getroffen werden. In Groß- und Mittelunternehmen erfolgt eine Vorauswahl durch die Personalabteilung bzw. durch die Geschäftsführung. Der Coach müsse zum Unternehmen passen, die persönliche Beziehung und das Vertrauensverhältnis seien wichtig. Branchenkenntnis wird teilweise als wichtig, teilweise als weniger wichtig eingestuft. Feldkompetenz wird als vorteilhaft, aber auch als hinderlich angesehen. Referenzen sind von Vorteil. Das Preis-Leistungsverhältnis ist ebenfalls entscheidend bei der Auswahl.

3.3.7 Fragen an Führungskräfte

Die Personalverantwortlichen wurden befragt, welche Punkte ihrer Ansicht nach bei einer Befragung von Führungskräften in Bezug auf Führungskräfte-Coaching interessant seien. Folgende Themenbereiche haben sich daraus zusammengefasst ergeben:

Fragen zum Coaching:

- Einstellung zum Coaching
- Vorstellung in Bezug auf Coaching
- Würden Sie Coaching in Anspruch nehmen?
- Würden Sie Coaching auch privat bezahlen?
- Persönliche Erwartungen: Was soll erreicht werden?
- Ist ein Problem vorhanden, das mit Coaching behandelt werden sollte?
- Hätten sie lieber eine Frau oder einen Mann als Coach
- Haben Sie Vertrauen in Coaching und was die Anonymität und Diskretion betrifft?
- Wie korrelieren Problem und Vertrauen „Ich habe ein Problem, aber kein Vertrauen."
- Coaching ist nicht da, um Leute auszufragen, sondern um ihnen zu helfen. Welche Hindernisse sehen Sie?

Fragen zur Führungsrolle:

- Standortbestimmung: Wo befinde ich mich als Führungskraft?
- Welche Veränderungen erwarte ich mir?
- Umgang mit den Mitarbeitern, Vorbildwirkung
- Handlungsfelder, Anforderungen und Herausforderungen für die Führungskraft
- Wo muss man sich als Führungskraft weiterentwickeln?

Persönliche Fragen:

- Veränderungen und daraus resultierende persönliche Auswirkungen.
- Wo ist persönlich am ehesten eine Hilfe notwendig?
- Defizite, Stärken und Schwächen
- Wohlbefinden und Glücklich-Sein
- Inselposition und Einsamkeit, Fehler machen

3.3.8 Zusammenfassung

Die Problemstellungen und Herausforderungen der Führungskräfte liegen nach Meinung der Personalverantwortlichen in der hohen Flexibilität durch die raschen Veränderungen am Markt und in der Bewältigung der derzeitigen Krise in der Elektronik-Branche. Die daraus resultierenden Ansprüche an Führungskräfte betreffen die Motivation und Förderung der Mitarbeiter, wobei sich das Umsetzen von vertrauensbildenden Maßnahmen in der Mitarbeiterführung in Anbetracht der angespannten wirtschaftlichen Situation als besonders schwierig erweist.

Die Befragung von je drei Personalverantwortlichen aus Klein-, Mittel- und Großunternehmen hat ergeben, dass in zwei Großbetrieben Erfahrungen mit Coaching von Führungskräften vorhanden sind.

Die Einführung von Coaching erfolgte in einem Fall durch ein Pilotprojekt zum Thema „Führungskräfte-Coaching", welches seitens der Personalabteilung im Zuge von Qualifizierungsmaßnahmen für Führungskräfte eingeführt wurde. In einem anderen Fall war der Wunsch von Führungskräften nach einem Coaching ausschlaggebend, welcher in einem Seminar geäußert wurde. Durch vertrauensbildende Maßnahmen, wie beispielsweise die Garantie von Anonymität und Diskretion, wurde das anfängliche Misstrauen der Führungskräfte abgebaut und damit der Zugang zum Coaching erleichtert.

In einem Groß- und den jeweils drei Klein- und Mittelunternehmen gab es zum Zeitpunkt der Untersuchung, nach Aussagen der Personalverantwortlichen, keine Erfahrungen mit Führungskräfte-Coaching. Diese Unternehmen nahmen in der Vergangenheit externe Beratung vorwiegend durch Organisationsberater und Fachexperten in Anspruch. Persönliche Beratung von Führungskräften wird häufig durch gute Bekannte aus derselben Branche und durch Freunde durchgeführt.

Coaching wird von der Mehrzahl aller Personalverantwortlichen als positiv eingeschätzt. Sie sind der Ansicht, dass Führungskräfte durch Coaching ihre Persönlichkeit weiterentwickeln, ihre Führungskompetenz ausbauen und ihre Fähigkeit zur Reflexion fördern sowie ihre Sensibilität erhöhen. Der Nutzen liege in der Verbesserung der Führungskompetenz – wie beispielsweise in der Mitarbeiterführung und der verbesserten Problemlösungskompetenz der Führungskraft – welche sich auch aufgrund der höheren

Mitarbeiterzufriedenheit und -motivation positiv auf die Produktivität des Unternehmens auswirkt. Coaching ist somit, nach Aussage der Personalverantwortlichen, sowohl für die Führungskraft selbst hilfreich als auch nützlich für das Unternehmen. Die vereinzelt negativen Erfahrungen mit Beratern, wie beispielsweise die eines Kleinunternehmens, haben auch eine negative Grundhaltung in Bezug auf „Coaching“ zur Folge.

Die Inanspruchnahme von Coaching wird, nach Ansicht der interviewten Personalverantwortlichen, mit der Beseitigung von Defiziten und Schwächen der Führungskraft in Verbindung gebracht: In den zwei Großunternehmen, welche Erfahrungen mit Coaching haben, wird der Führungskraft Coaching dann angeboten, wenn beispielsweise schwierige berufliche Situationen auftreten und die Führungskraft selbst nicht mehr zurechtkommt. Dies kann bei persönlichen Problemen, seelischen Tiefs, Unwohlsein und Stress der Fall sein. In den Unternehmen ohne Coaching-Erfahrung würde ein Bedarf dann auftreten, wenn die Führungskraft Defizite in der Persönlichkeit und ein gestörtes Kommunikationsverhalten aufweist, sowie durch Stress und Druck überlastet wäre. Die Einführung von Coaching würde nach Aussage eines Personalverantwortlichen die Vermutung schüren, dass die Geschäftsleitung einen „Aufpasser“ schickt und kein Vertrauen mehr in die Führungskraft hätte. Ein Personalverantwortlicher vertritt die Ansicht, dass Coaching nur dann notwendig sei, wenn die Führungskraft „(...) mit niemandem ein offenes Gespräch führen kann (...) und kein offenes Klima im Unternehmen herrscht.“ Daraus lässt sich ableiten, dass der Mangel an Feedback-Möglichkeiten für die Führungskraft im Unternehmen aufgrund der Distanz zu den Mitarbeitern, ein Coaching erforderlich machen kann.

Die interviewten Personalverantwortlichen sind der Ansicht, dass die Unwissenheit über Coaching, die Scheu der Führungskräfte, über Schwächen und Defizite zu sprechen, und auch die Angst davor, therapiert zu werden, die grundlegenden Hinderungsgründe sind, ein Coaching in Anspruch zu nehmen. Gerade für Führungskräfte, die in der Regel keine Rückmeldung bekommen, sei es besonders schwer, ihre Schwächen und Defizite offen zu legen. Ein Befragter meint deshalb, es müsste vor der Einführung von Coaching Überzeugungsarbeit mit Führungskräften geleistet werden. Interessant dabei ist, dass obwohl den Personalverantwortlichen die Hemmschwellen der Führungskräfte bezüglich der Inanspruchnahme von Coaching bekannt sind, sie trotzdem vereinzelt den Standpunkt vertreten, dass bei Bedarf, die Führungskraft von sich aus aktiv werden würde.

Mit Ausnahme von zwei Großbetrieben gibt es derzeit seitens der Unternehmen kein Angebot an Führungskräfte, ein Coaching in Anspruch zu nehmen. Die Angebote am Markt seien nach Ansicht der befragten Personalverantwortlichen zwar zur Genüge vorhanden, jedoch ist er, nach Aussage eines Befragten, „(...) überfüllt und es ist schwer, den passenden Coach zu finden". Angebote über E-Mail oder per Telefon werden als Belästigung empfunden. Postalische Zusendungen in Form von Prospekten landen, nach Aussagen eines Befragten, unbeachtet im Papierkorb.

Für die Coach-Auswahl ist die „persönliche Chemie" und das Vertrauen ausschlaggebend. Die Auswahl „erfolgt nach dem Gefühl" und „der Coach muss zum Unternehmen passen" (Zitat eines Personalverantwortlichen). Psychologisches Wissen sowie ein gutes Preis-Leistungs-Verhältnis sind ebenfalls wichtig. Empfehlungen in Form von Mundpropaganda werden als hilfreich eingeschätzt. In den Unternehmen mit Coaching-Erfahrung war der Coach bereits durch Seminare bekannt somit waren, nach Aussage der Befragten, Ausbildungen und Zertifikate des Coach von geringerer Bedeutung. Diese werden, wie vorhandene Referenzen, nur dann als entscheidend angesehen, wenn der Coach dem Unternehmen nicht bekannt ist. Die Feldkompetenz wird, in Bezug auf das Verständnis von Unternehmensabläufen als vorteilhaft, in Hinblick auf die Entwicklung neuer Sichtweisen und der Kreativität, aber auch als hinderlich angesehen. Die Vorauswahl des für das Unternehmen passenden Coach erfolgt in Mittel- und Großunternehmen durch die Personalabteilung bzw. Geschäftsführung.

In zwei Kleinunternehmen besteht derzeit ein artikulierter Coaching-Bedarf. Als Anlässe werden Themen der Mitarbeiterführung und des Konfliktmanagements genannt. Ein Mittelunternehmen wird Coaching zukünftig eventuell als eines von mehreren „Beratungs-Tools“ einführen, ein Kleinunternehmen will bei zusätzlicher Wachstumssteigerung die Beratung durch Coaching in Anspruch nehmen.

Die Einschätzung der Personalverantwortlichen hinsichtlich der Coaching-Verbreitung in den Unternehmen des Microelectronic Cluster liegt zwischen 10% und 20%. Coaching sei kaum verbreitet, da es sich um eine sehr sensible Thematik handle. Nach Aussage eines Befragten nehmen es Führungskräfte nicht in Anspruch, „...da sie sehr von sich eingenommen sind. (...) Wenn es jedoch jemand in Anspruch nimmt, würde er es nicht zugeben.“

Die von den Personalverantwortlichen am Ende des Interviews genannten Fragestellungen an Führungskräfte in Bezug auf Coaching – sie umfassen die Bereiche Meinungen und Einstellungen, Führungsrolle und persönliche Themen der Führungskraft – wurden in die Konzeption des Fragebogens an Führungskräfte in den Unternehmen des Microelectronic Clusters miteinbezogen.

3.4 Befragung von Führungskräften

Ziel dieser Befragung ist es, den Stellenwert von Coaching in den Unternehmen des Microelectronic Clusters zu untersuchen, um in umfassenderer Weise, als das in Interviews möglich ist, empirisch fundierte Aussagen über die Erfahrungen, Meinungen und Einstellungen, die Verbreitung, den Bedarf und die Barrieren und Hinderungsgründe in Bezug auf Coaching machen zu können.

3.4.1 Erhebungsmethode

FRAGEBOGEN

Besonderes Augenmerk wurde bei der Konzeption des Fragebogens darauf gelegt, eine möglichst hohe Rücklaufquote zu erzielen. Als allgemeine Determinanten einer Rücklaufquote gelten nach Friedrich (1990) Antwortfähigkeit und Antwortbereitschaft. Um beides zu erhöhen, wurden folgende Gesichtspunkte bei Gestaltung und Versand des Fragebogens berücksichtigt: Bei der Konstruktion des Fragebogens wurde darauf geachtet, diesen möglichst kurz zu halten. Die übersichtliche graphische Darstellung sollte einladend auf den Befragten wirken. Der Aufbau wurde klar gegliedert und die Fragen kurz und verständlich formuliert. Zur Stimulanz wechseln ferner offene mit geschlossenen Fragen.

Coaching erfordert einen sehr sensiblen Umgang hinsichtlich der Diskretion und der Vertraulichkeit. Daher wurden die Fragen anfangs sehr allgemein gehalten und langsam in persönliche Fragen übergeleitet. Auch im Anschreiben wurde sehr deutlich auf die vertrauliche Behandlung der Daten hingewiesen. Als Alternative zur E-Mail-Antwort wurden die anonymen Wege über Fax- und Post-Sendung angeboten. Das Anschreiben wurde nach den aus der empirischen Sozialforschung bekannten Kriterien gestaltet (FRIEDRICH 1990, S. 238f). Anschreiben und Fragebogen finden sich im Anhang.

ZIELGRUPPE

Zielgruppe für diese Befragung sind jene Personen in den Betrieben des Microelectronic Clusters, die mit Führungsfunktionen, d.h. mit dem Führen von Mitarbeitern und/oder dem Leiten von Projekten, beauftragt sind.

DURCHFÜHRUNG

Die Befragung wurde unter Führungskräften der Unternehmen des Microelectronic Clusters durchgeführt. Basierend auf dem E-Mail-Verteiler des Clusters (vgl. MICROELECTRONIC CLUSTER 2003b) wurden in einem Anschreiben die Unternehmen gebeten, die E-Mail-Adressen der Führungskräfte in ihren Unternehmen für die Durchführung der Befragung zu übermitteln. Vor der eigentlichen Befragung wurde ein Pre-Test mit sechs Coachs und mit neun Führungskräften des Microelectronic Clusters durchgeführt.

Durchführung des Pre-Test:

Der Pre-Test wurde in drei Etappen durchgeführt. Als erstes erfolgte eine technische Überprüfung des dem E-Mail-Anschreiben angefügten Fragebogens. Als zweites wurden erfahrene Coachs und nach Abschluss dieses Testes erst die Führungskräfte des Microelectronic Clusters kontaktiert.

Pre-Test zur technischen Überprüfung:

Die technische Überprüfung des Fragebogens wurde mit etwa 20 Personen aus dem unmittelbaren Bekanntenkreis durchgeführt. Die Auswahl erfolgte willkürlich, Personen aus den verschiedensten Bereichen waren am Pre-Test beteiligt. Der Fragebogen des ersten Durchgangs war im PDF-Format (Portable Document Format). Die Rückmeldung durch die Probanden erfolgte durch E-Mail und telefonisch. Ein Großteil der Probanden konnte den Fragebogen im PDF-Fomat, welcher der E-Mail angefügt war, zwar lesen, jedoch nach dem Ausfüllen konnten die Eintragungen wegen einer dafür notwendigen Speicher-Software nicht abgespeichert und somit nicht rückgesendet werden. Es ergab sich daraus die Konsequenz, den Fragebogen im WORD-Format zu erstellen. In einem zweiten Durchgang wurde mit denselben Teilnehmern erneut ein technischer Pre-Test durchgeführt, welcher zufriedenstellend verlaufen ist. Das Ausfüllen des Fragebogens in elektronischer Form wie auch die Rücksendung verliefen erfolgreich.

Pre-Test mit Coachs:
Ziel dieses Tests war es, von erfahrenen Coachs eine Rückmeldung in Bezug auf das Konzept und den Inhalt des Fragebogens aus der Sicht von Experten zu erhalten. Die Auswahl der Coachs erfolgte aufgrund persönlicher Erfahrungen, vereinzelt war eine Zusammenarbeit im Vorfeld dieser Befragung bereits gegeben. Die Coachs wurden über E-Mail angeschrieben und nach Erhalt einer Antwort wurde sie zusätzlich telefonisch kontaktiert.

Im Folgenden sind jene Coachs in alphabetischer Form aufgelistet, die einen unterstützenden Beitrag durch die Teilnahme am Pre-Test geleistet haben: Baier, Hermann, 80336 München (D); Gombos, Georg, 9020 Klagenfurt (A); Hildenbrand, Claus-Dieter, 78132 Hornberg (D); Knierim, Andreas, 34119 Kassel (D); Rauen, Christopher, 49424 Goldenstedt (D); Vogelauer, Werner, 3100 St. Pölten (A);

Aufgrund der Rückmeldungen der Coachs wurde der Fragebogen hinsichtlich der Definition des Coaching-Begriffs, der biographischen Daten und mancher Frageformulierungen korrigiert und optimiert. Alle Coachs haben ihr Interesse an den Ergebnissen der Befragung kundgetan, die übersichtliche Gestaltung des Fragebogens sowie die Verständlichkeit und der Zeitrahmen wurden als gut befunden.

Pre-Test mit Führungskräften:
Nach der Erhebung der E-Mail-Adressen im Microelectronic Cluster wurden aus der Liste je drei Führungskräfte aus den Klein-, Mittel und Großbetrieben als Probanden für den Pre-Test ausgewählt. Wie bei der Auswahl der

Personalverantwortlichen fand auch hier das Verfahren der geschichtete Wahrscheinlichkeitsstichprobe seine Anwendung (vgl. Kapitel 3.1.1.2). Es wurde jedoch darauf geachtet, dass keine Führungskraft aus dem gleichen Betrieb stammt, um eine größtmögliche Streuung der ausgewählten Personen zu erhalten.

Die ausgewählten Führungskräfte wurden telefonisch um ihre Teilnahme am Pre-Test gebeten, alle neun haben sich dazu bereit erklärt. Danach wurden sie über E-Mail mit angefügtem Fragebogen angeschrieben und nach Erhalt des beantworteten Fragebogens nochmals telefonisch kontaktiert und anhand einer Checkliste zum Fragebogen befragt.

Folgende Punkte wurden dabei berücksichtigt:

- Allgemeine Anmerkungen zum Fragebogen
- Technische Funktion
- Definition von „Coaching“
- Aufbau und Struktur
- Verständlichkeit
- Interesse
- Zeitdauer
- Vertraulichkeit

Das Feedback der Befragten war durchwegs positiv, der Fragebogen wurde als verständlich, übersichtlich und vom zeitlichen Rahmen her passend beschrieben. Hinsichtlich der Vertraulichkeit waren einzelne Führungskräfte vor dem Ausfüllen des Fragebogens skeptisch, danach stellte dies jedoch kein Problem mehr dar. Aufgrund der Rückmeldungen der Führungskräfte wurde die Formulierung einiger Fragen nochmals geändert und einige Fragen ergänzt.

Durchführung der Befragung:

Insgesamt wurden 89 Unternehmen in einem Anschreiben gebeten, die E-Mail-Adressen der Führungskräfte in ihrem Unternehmen für die Durchführung der Befragung bekannt zu geben. Nach zusätzlicher telefonischer Nachfrage und

Korrektur einiger E-Mail-Adressen haben 65 Unternehmen die erforderlichen E-Mail-Adressen zur Verfügung gestellt.

Die Herausgabe der E-Mail-Adressen gestaltete sich in manchen Fällen als schwierig, da seitens der Unternehmen Bedenken in Bezug auf die missbräuchliche Verwendung der Adressen geäußert wurden, obwohl im Anschreiben die Verwendung der Adressen dezidiert auf die Durchführung der Befragung eingeschränkt wurde. 24 Unternehmen haben trotz Nachfrage die erforderlichen E-Mail-Adressen nicht übermittelt. Meist wurde auf die Anfrage nicht geantwortet, in einigen Fällen wurde die Zusendung telefonisch zugesagt, jedoch nicht durchgeführt.

Ein Großunternehmen stand aufgrund der schwierigen Wirtschaftslage vor der Schließung und nahm daher an der Befragung nicht teil. Ein weiteres Großunternehmen hatte aufgrund interner Aktivitäten zum Thema Führungskräfte-Coaching kein Interesse an der Teilnahme. Zwei Großunternehmen haben die Durchführung wegen des zu großen organisatorischen Aufwandes abgelehnt, jedoch ein großes Interesse an den Ergebnissen der Befragung kundgetan. Ein Kleinunternehmen hatte aufgrund von Zeitmangel kein Interesse an der Teilnahme.

Im ersten Durchgang der Befragung wurden 165 Führungskräfte kontaktiert. 34 haben innerhalb der vorgegebenen Frist von einer Woche auf die Befragung geantwortet, acht Führungskräfte waren in dieser Zeit über E-Mail nicht erreichbar, und es erfolgte eine automatische Abwesenheitsmitteilung. Die Rücklaufquote für den ersten Durchgang der Befragung beträgt 21,7%.

In einem zweiten Durchgang wurden 131 Führungskräfte kontaktiert, wovon 13 innerhalb der einwöchigen Beantwortungsfrist antworteten und von sieben Personen eine Abwesenheitsmitteilung retourniert wurde. Die Rücklaufquote der zweiten Befragung beträgt 10,5%.

Von den in Summe 165 über E-Mail angeschriebenen Führungskräften haben sechs in beiden Durchgängen mit einer Abwesenheitsmitteilung geantwortet. Gesamt haben sich 47 Führungskräfte an der Befragung beteiligt. Dies ergibt eine Gesamt-Rücklaufquote von 29,6%.

Gesamtübersicht:

Betriebsgröße: *Mitarbeiterzahl*	**Kleinst- und Klein-unternehmen** *< 10 und <50*	**Mittel-unternehmen** *< 250*	**Groß-unternehmen** *mehr als 250*	**Summe**
Kontaktierte Unternehmen	62	19	8	**89**
Beteiligte Unternehmen	49	15	3	**67**
Kontaktierte Führungskräfte	78	62	25	**165**
Beteiligte Führungskräfte	24	13	10	**47**

Abbildung 5
Gesamtübersicht: Befragung von Führungskräften

Von den 47 beantworteten Fragebögen wurden 39 über E-Mail, fünf über Fax und zwei über den Postweg zugesandt. Alle Fragebögen waren für die Auswertung brauchbar.

3.4.2 Auswertungsmethode

Die retournierten Fragebögen wurden mit Unterstützung des SPSS-Programms ausgewertet. SPSS ist ein statistisches Auswertungssystem mit graphischen Tools. Die Bezeichnung SPSS war ursprünglich eine Abkürzung für *Statistical Package for the Social Science.* Um auf die allgemeine Verwendungsmöglichkeit hinzuweisen, steht die Abkürzung nun für Superior Performance Software System. SPSS Base enthält moderne statistische

Prozeduren für grundlegende Analysen. Enthalten sind u.a. Häufigkeiten, Kreuztabellen, deskriptive Statistiken, Faktorenanalyse, Regression und Clusteranalyse (vgl. UNIVERSITÄT HOHENHEIM 2003).

Die Daten der Fragebögen wurden in das SPSS-Programm übertragen und anschließend ausgewertet. Die Darstellung der Ergebnisse erfolgte durch Tabellen und Grafiken, welche mit Unterstützung des Programms erstellt wurden. Die offenen Fragen wurden inhaltsanalytisch ausgewertet, d.h. die Antworten wurden kategorisiert und quantifiziert (vgl. HOLM 1975, S.99f) und danach mit Hilfe von EXCEL-Tabellen und -Grafiken für die Darstellung aufbereitet.

3.5 Ergebnisse der Befragung von Führungskräften

An der Befragung von Führungskräften in den Unternehmen des Microelectronic Clusters in Kärnten beteiligten sich insgesamt 47 von 165 über E-Mail angeschriebene Führungskräfte. Dies entspricht einer Rücklaufquote von 29,6%.

43% der befragten Führungskräfte sind im Alter zwischen 30 und 40 Jahren und 34% zwischen 40 und 50 Jahren. Der Anzahl der unter 30-Jährigen liegt bei 9% und der über 50-Jähringen bei 15%. Das Durchschnittsalter der an dieser Befragung beteiligten Personen beträgt 41,8 Jahre. Der Großteil (83%) der Führungskräfte ist männlich. Acht von insgesamt 47 befragten Personen sind weiblichen Geschlechts.

40% der Befragten sind aus der oberen, 51% aus der mittleren und 9% aus der unteren Führungsebene. Die Mehrzahl der Personen (66%) hat mehr als drei Jahre Führungserfahrung, 13% mehr als 20 Jahre und 21% weniger als drei Jahre. Die mittlere Führungserfahrung liegt demnach bei 10,4 Jahren. Rund die Hälfte der befragten Personen (51%) ist für weniger als zehn Mitarbeiter personalverantwortlich, 38% für bis zu 50 und 11% für bis zu 250 Mitarbeiter. Im Durchschnitt sind die Führungskräfte für 23,7 Mitarbeiter verantwortlich.

Die befragten Führungskräfte stammen zu 45% aus Produktions- und Industriebetrieben, 47% aus Dienstleistungsunternehmen und 8% aus Mischbetrieben. Gegliedert nach der Unternehmensklasse – gemessen an der Anzahl der Mitarbeiter (Kapitel 3.2.1.3) – kommen 23% der befragten Personen aus Kleinstbetrieben, jeweils 28% aus Klein- und Mittelunternehmen und 21% aus Großbetrieben. Die durchschnittliche Mitarbeiterzahl in den Unternehmen der befragten Führungskräfte beträgt somit 106,4.

3.5.1 Verbreitung von Coaching

Die Hälfte der befragten Führungskräfte hat Erfahrung mit Führungskräfte-Coaching. Die Erfahrung steigt mit der Größe des Unternehmens, demnach ist Coaching in Klein- und Kleinstunternehmen weniger stark verbreitet als in Mittel- und Großbetrieben (ca. 30% gegenüber ca. 50% bzw. 100%).

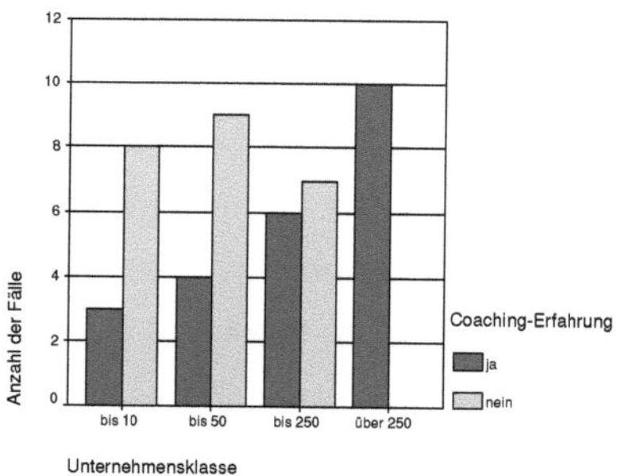

Abbildung 6
Verbreitung von Coaching in Abhängigkeit von der Unternehmensgröße

In Produktions- und Industrieunternehmen sowie in Mischunternehmen ist die Verbreitung von Coaching höher als in Dienstleistungsunternehmen. (62% bzw. 75% gegenüber 29%). Bezogen auf die Führungsebene haben Personen aus der oberen und mittleren Ebene gegenüber jenen aus der unteren Ebene mehr Coaching-Erfahrung (42% bzw. 58% gegenüber 25%).

Im Hinblick auf die Führungserfahrung ist der Anteil der Befragten, die gecoacht worden sind, bei jenen mit geringerer und längerer Führungstätigkeit höher als bei jenen mit mittlerer Führungserfahrung. (60% bzw. 83% gegenüber 39%). Die Coaching-Erfahrung steigt mit dem Lebensalter, wobei 25% der unter 30-Jährigen, rund 45% der 30- bis 50-Jährigen und 86% der über 50-Jährigen angeben, gecoacht worden zu sein. Bei den befragten Personen haben Frauen gegenüber Männern eine geringere Erfahrung mit Coaching. (38% gegenüber 51%).

Führungskräfte mit Coachingerfahrung

Der Großteil der coachingerfahrenen Führungskräfte stammt aus Großunternehmen (44%), ein geringerer Anteil aus Mittel- (26%) und die Minderzahl aus Klein- und Kleinstbetrieben (17%). Fast die Hälfte der Führungskräfte hat Einzel-Coaching und rund ein Drittel Einzel- und Gruppen-Coaching in Anspruch genommen. Ein geringer Teil von 17% hat ausschließlich Erfahrung mit Gruppen-Coaching. Die Bezahlung erfolgte, mit einer Ausnahme, durch das Unternehmen.

Die von den befragten Führungskräften genannten Anlässe für Coaching, wurden in folgende Kategorien gegliedert:

( ) Anzahl der Nennungen

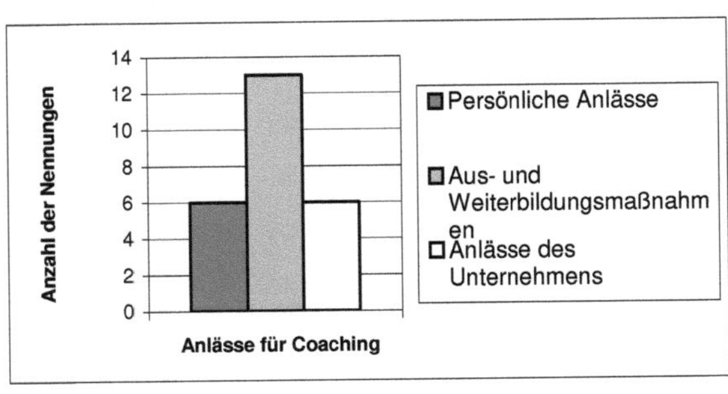

Abbildung 7

Anlässe von Führungskräften mit Coaching-Erfahrung

Die persönlichen Anlässe (6) der Führungskräfte beziehen sich auf die Unzufriedenheit mit dem Arbeitsklima und auf eigene Überlastung im Arbeitsfeld. Persönliches Interesse und ein konkretes Angebot durch einen Berater werden als weitere Gründe angeführt, warum Coaching in Anspruch genommen wurde. Aus- und Weiterbildungsmaßnahmen (13) sind vor allem in Mittel- und Großunternehmen der Anlass dafür, Coaching für Führungskräfte anzuwenden. Dabei werden die Entwicklung der Führungskompetenz, im Hinblick auf neue Aufgaben und Mitarbeiterführung, als Begründung angeführt. Firmenstrategie und -leitbild, Fusionierungen, Strukturkrisen und Neuorganisation sind Anlässe (6), welche nach Angabe der befragten Führungskräfte auf der Ebene des Unternehmens ein Coaching notwendig machen.

Von den gemachten Erfahrungen der Führungskräfte sind 60% positiv, 32% negativ und 8% neutral zu werten. In Klein- und Mittelunternehmen wurden die Coachs hinsichtlich ihres Verhaltens und ihrer Kompetenz positiv erlebt. In Mittelunternehmen wurde der Gewinn neuer Perspektiven sowie die Erfahrungen mit Einzel- und Gruppen-Coaching als positiv und hilfreich eingestuft. Führungskräfte aus Großunternehmen machten durch die Auseinandersetzung mit sich selbst, durch die Verbesserung der Kommunikation und durch die Vermittlung von Führungstools überwiegend positive Erfahrungen.

Vorwiegend wurden in Klein- und Kleinstunternehmen negative Erfahrungen mit Coaching gemacht. Gründe dafür lagen nach Angabe der Befragten in der Kompetenz des Beraters, sowohl fachlich als auch sozial, und in der Qualität des Angebotes. Das Gruppen-Coaching wurde als zu emotional und schwierig hinsichtlich unterschiedlicher Offenheit und Ehrlichkeit der Teilnehmer angeführt.

Neutral besetzte Erfahrungen wurden von zwei Führungskräften aus Großunternehmen gemacht. Das Coaching wurde als langer Prozess erlebt.

Speziell am Beginn war es schwierig, bestimmte Dinge einzuordnen und den Sinn und Zweck zu verstehen. Danach wurde jedoch ein intensiver Reflexionsprozess in Bezug auf die eigene Persönlichkeit und die eigenen Verhaltensweisen in Gang gesetzt.

Führungskräfte ohne Coachingerfahrung

Die Führungskräfte ohne Coaching-Erfahrung stammen zu rund je einem Drittel aus Kleinst-, Klein- und Mittelunternehmen. Etwa die Hälfte davon, das entspricht elf Führungskräften, gibt an, dass sie sich in der Vergangenheit gerne hätte coachen lassen.

Die von ihnen genannten Anlässe wurden drei Kategorien zugeordnet:
( ) Anzahl der Nennungen

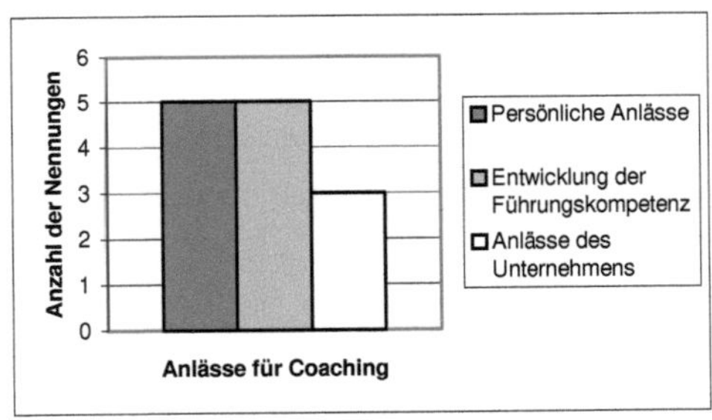

Abbildung 8
Anlässe von Führungskräften ohne Coaching-Erfahrung

Als persönliche Anlässe (5) werden die Unterstützung im emotionalen Bereich, die Verbesserung der Eigenmotivation und der Sicherheit sowie die Bearbeitung von Konflikten genannt. Im Bereich der Entwicklung von Führungskompetenz (5) geht es um die Hilfestellung in der Mitarbeitermotivation und -führung, um die Verbesserung der Entscheidungsqualität und um die Umsetzung von Ideen. Anlässe des Unternehmens (3) sind die Entwicklung von Businessplänen, die Verbesserung des strategischen Marketings und die Planung von Arbeitsabläufen.

Bei vier von den sieben Führungskräften, die sich in der Vergangenheit nicht coachen lassen hätten, war kein Bedarf bzw. keine Notwendigkeit dafür vorhanden. Sieben von insgesamt 24 Führungskräften, welche die Frage „Hätten Sie in der Vergangenheit gerne Führungskräfte-Coaching in Anspruch genommen?" nicht beantwortet haben, gaben in fünf Fällen an, dass Coaching bis dato nicht thematisiert wurde. In einem Fall konnte die Effektivität nicht bewertet werden.

3.5.2 Meinungen, Nutzen und Vertrauen in Bezug auf Coaching

MEINUNGEN

75% der Befragten geben an, eine positive bis sehr positive Meinung von Coaching zu haben, 9% sind neutral eingestellt, 6% haben eine negative und 11% haben keine Meinung zu diesem Thema.

Der Anteil an sehr positiven Meinungen nimmt bei der Gruppe der Führungskräfte mit Coaching-Erfahrung gegenüber jenen ohne Erfahrung zu.

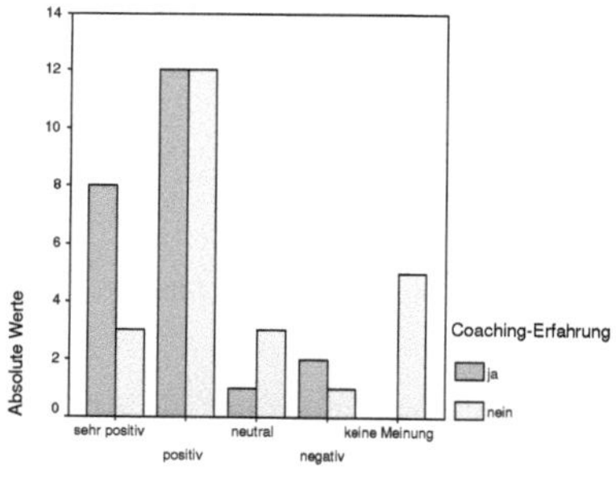

Abbildung 9
Meinungen in Bezug auf Coaching von Führungskräften

Jene 35 Führungskräfte, das entspricht 75% der Befragten, welche eine sehr positive bzw. positive Meinung in Bezug auf Führungskräfte-Coaching haben, begründen diese mit der positiven Wirkung auf die Persönlichkeit und die Professionalisierung der Führungskraft durch die externe Unterstützung.

Ein Großteil betont die Wichtigkeit des Feedback von außen und den Gewinn neuer Perspektiven für die Führungskraft. Ein Befragter gibt an, dass Coaching in Großbetrieben auch intern erfolgen kann, zwei weitere betonen den erfolgreichen Einsatz von Coaching in der Vergangenheit und je eine Führungskraft gibt an, dass oft zu viel Theorie vermittelt wird und sich zu viele als Coach ausgeben.

Mangelnde Beschäftigung mit dem Thema Coaching, nicht überzeugende Beratungserfahrungen und die Ansicht, dass externes Coaching nicht zur Verbesserung des Betriebserfolges beitragen kann, sind einzelne Meinungen jener vier Befragten, die ihre Meinung als neutral angegeben haben.

Eine Führungskraft, welche sich negativ über Coaching äußert, ist der Ansicht, dass Entscheidungen kaum über Coaching transferiert werden können. Eine weitere hält Coaching für nicht nötig, da – wie in der Unternehmensberatung – „viel Unsinn" angeboten werde.

HILFESTELLUNG

85% der Befragten schätzen die Hilfestellung für Führungskräfte durch ein Coaching als sehr hoch bzw. hoch ein, 6% als neutral und jeweils 4% als negativ bzw. können die Hilfestellung nicht beurteilen.

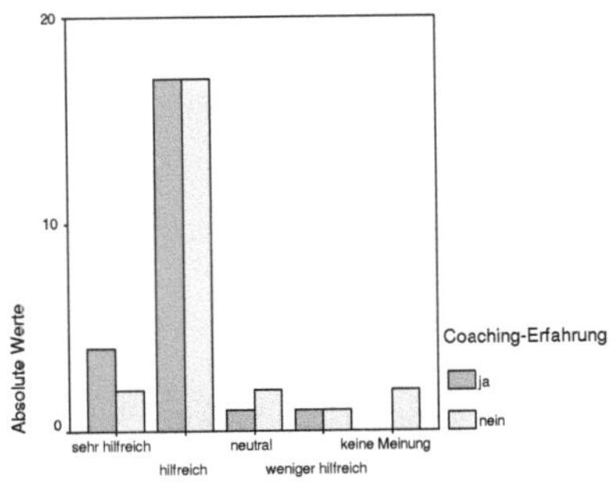

Abbildung 10

Hilfestellung für die Führungskraft durch ein Coaching

Die Antworten der 43 Befragten, welche die Hilfestellung für Führungskräfte durch ein Coaching als sehr hilfreich, hilfreich bzw. neutral eingestuft haben, wurden folgenden Kategorien zugeordnet:

( ) Anzahl der Nennungen

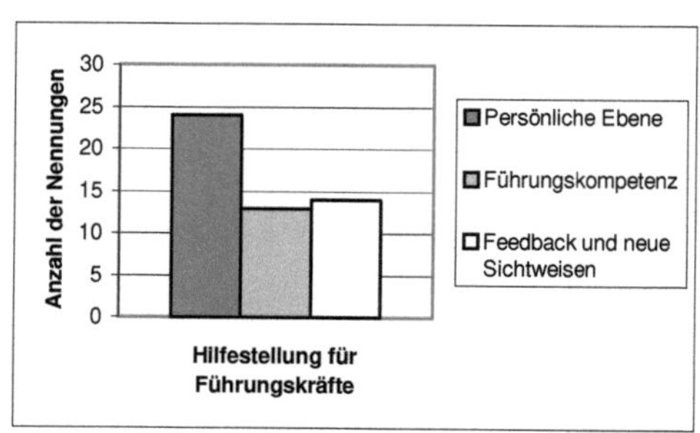

Abbildung 11

Bereiche der Hilfestellung für die Führungskraft durch ein Coaching

Die Hilfestellung für Führungskräfte auf der persönlichen Ebene (24) liegt im Bereich der Persönlichkeitsentwicklung, im Abgleich von Selbst- und Fremdbild, im Hinterfragen von Standpunkten und in der Förderung der Eigenmotivation.

Die Verbesserung des Selbstmanagements, die Bearbeitung von Stärken und Schwächen und die Aufarbeitung von persönlichen Themen und Konflikten wirken des Weiteren unterstützend für die Führungskraft.

In Bezug auf die Führungskompetenz (13) leistet Coaching hilfreiche Unterstützung bei der Bewältigung der Führungsaufgaben, wie beispielsweise in der Verbesserung des Führungsstils im Umgang mit Mitarbeitern und in der internen Kommunikation. Coaching hilft gezielt Maßnahmen zu setzen, bei der Umsetzung von konkreten Zielen, bei der Entscheidungsfindung sowie bei der Bewältigung neuer Aufgaben.

Durch Coaching erhalten Führungskräfte Feedback von außen und entwickeln dadurch neue Sichtweisen (14). Durch den Austausch mit Externen werden alternative Wege aufgezeigt und neue Lösungsschritte erarbeitet. Keine Hilfe bietet es der Führungskraft nach Ansicht der Befragten beim Treffen und Umsetzen von Entscheidungen, in fachlicher Hinsicht und in Hinblick auf das Übernehmen von Verantwortung; diese bleibe bei der Führungskraft selbst.

Eine von zwei Führungskräften, welche die Hilfestellung von Coaching als „weniger hilfreich" einstufen, ist der Ansicht, dass sich durch ein Coaching eine mangelnde Kompetenz der Führungskraft ableitet und sich daraus ein negativer Einfluss auf die Mitarbeiter ergibt.

Vergleich von Führungskräften mit und ohne Coaching-Erfahrung:

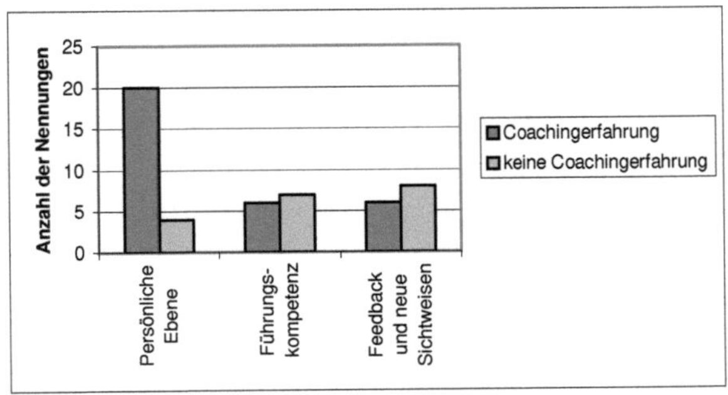

Abbildung 12

Hilfestellung für Führungskräfte durch Coaching:

Vergleich von Führungskräften mit und ohne Coaching-Erfahrung

Führungskräfte mit Coaching-Erfahrung sind gegenüber jenen ohne häufiger der Ansicht, dass sich durch Coaching eine Hilfestellung auf der persönlichen Ebene der Führungskraft ergibt.

NUTZEN

81% der Befragten schätzen den Nutzen von Coaching für das Unternehmen als hoch bis sehr hoch ein, 9% als neutral, 4% als niedrig und 6% als sehr niedrig.

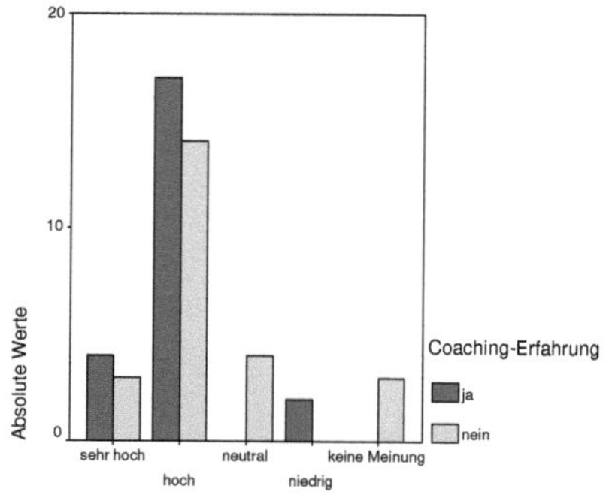

Abbildung 13
Nutzen für das Unternehmen durch Führungskräfte-Coaching

Zusammengefasst ergeben sich aus den Antworten der 38 Führungskräfte, welche den Nutzen von Coaching für das Unternehmen als sehr hoch bis hoch eingestuft haben, folgende Bereiche:

( ) Anzahl der Nennungen

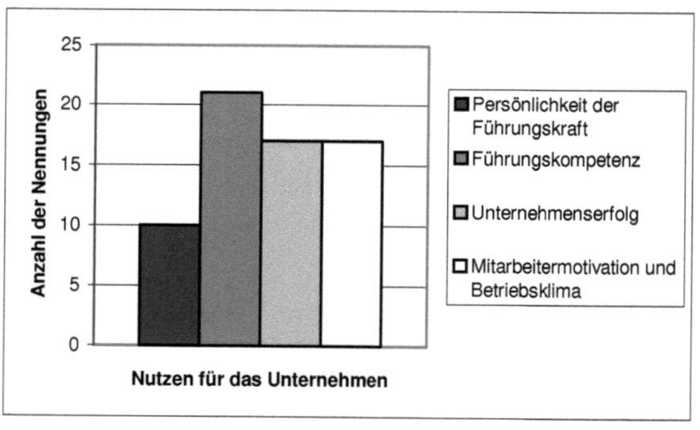

Abbildung 14
Nutzen von Coaching für das Unternehmen

Der Nutzen für das Unternehmen ergibt sich aus der Stärkung der Persönlichkeit (10) der Führungskraft, welche persönliche Krisen und bestimmte Situationen leichter bewältigen kann und deren Zufriedenheit gesteigert werden kann, was wiederum dem Unternehmen zugute kommt.

Durch Coaching gewinnt das Unternehmen bessere, leistungsfähigere und effizientere Führungskräfte (21), die entscheidungskompetenter, sozial kompetenter und professioneller in ihrem Führungsverhalten werden. Coaching trägt zum Unternehmenserfolg (17) bei. Es dient der Zeit- und Kosteneinsparung, führt damit zu höherer Produktivität und ist hilfreich bei der Verbesserung der Qualität und damit der Marktposition. Coaching von Führungskräften trägt zur Mitarbeitermotivation, zur Förderung der Zusammenarbeit, zur Steigerung des Betriebsklimas und der Mitarbeiterzufriedenheit bei (17).

Eine von vier Führungskräften, die den Nutzen für das Unternehmen als neutral einschätzen, sieht durch ein Coaching eine notwendige Änderung der Unternehmenskultur, ein weiterer Befragter die Vermeidung von Fehlentscheidungen und die Motivation von Mitarbeitern.

Ein Befragter von dreien, welche den Nutzen von Coaching nicht bewertet haben, sieht durch das Coaching ein effizienteres „Abwickeln von Personalabbau", ein weiterer die Gefahr des „zu Tode managen".

Vergleich von Führungskräften mit und ohne Coaching-Erfahrung:

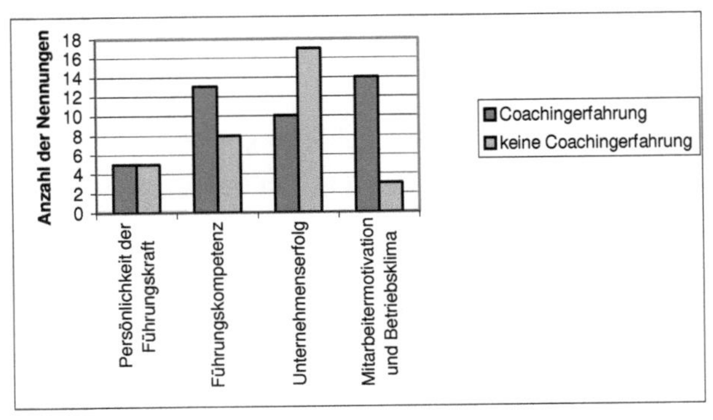

Abbildung 15

Nutzen für das Unternehmen durch Coaching:

Vergleich von Führungskräften mit und ohne Coaching-Erfahrung

Führungskräfte mit Coaching-Erfahrung nennen den Nutzen von Coaching für das Unternehmen bezüglich Mitarbeitermotivation und Betriebsklima sowie Führungskompetenz häufiger als jene ohne Erfahrung. Führungskräfte ohne Coaching-Erfahrung schätzen hingegen den Unternehmenserfolg durch Coaching höher ein als jene mit Erfahrung.

VERTRAUEN

53% der befragten Personen haben ein hohes, eine Person ein sehr hohes Vertrauen in Coaching. 17% schätzen ihr Vertrauen als neutral, 11% als niedrig und 6% als sehr niedrig ein. 11% machen keine Angabe.

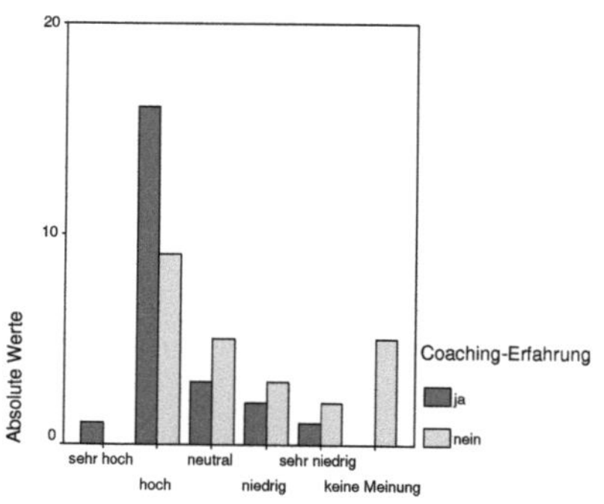

Abbildung 16
Vertrauen in Führungskräfte-Coaching

Mehr als die Hälfte der Befragten geben an, eine hohes bis sehr hohes Vertrauen in Coaching zu haben. Der Anteil ist bei jenen Führungskräften, die Coaching-Erfahrung haben, höher als bei der Gruppe ohne Erfahrung. Letztere hat in den Bereichen neutrale Einschätzung, niedriges bis sehr niedriges Vertrauen und in der Rubrik keine Meinung, jedoch mehr Nennungen.

Mehr als 70% der Führungskräfte mit Coaching-Erfahrung, das sind 17 Personen, haben ein hohes, eine Person ein sehr hohes Vertrauen in Coaching. Sie führen dies auf die positiv gemachten Erfahrungen im Coaching zurück und betonen die Wichtigkeit der Reflexion mit Unterstützung des Coach. Drei Führungskräfte schätzen ihr Vertrauen als neutral ein, eine Person davon begründet dies damit, dass bei vielen Coachs das Honorar im Vordergrund steht. Zwei Führungskräfte haben ein niedriges und eine Person ein sehr niedriges Vertrauen in dieses Beratungsinstrument.

Von den insgesamt 24 Führungskräften ohne Coaching-Erfahrung schätzen neun ihr Vertrauen in Coaching hoch ein, wobei die Mehrzahl von ihnen das Vertrauen von der Person des Coach abhängig macht. Fünf Führungskräfte stehen dem Thema neutral gegenüber, drei haben ein niedriges Vertrauen in dieses Beratungsinstrument. Eine Führungskraft begründet dies mit negativen Erfahrungen aus der Gesprächstherapie. Das sehr niedrige Vertrauen von zwei Personen wird mit dem Beratungsboom am Markt und den damit fehlenden Beurteilungs- und Entscheidungskriterien untermauert.

3.5.3 Bedarf an Coaching

PROBLEMSTELLUNGEN UND HERAUSFORDERUNGEN

Aus den von den Führungskräften angegebenen Problemstellungen und Herausforderungen ergeben sich folgende Kategorien:

( ) Anzahl der Nennungen

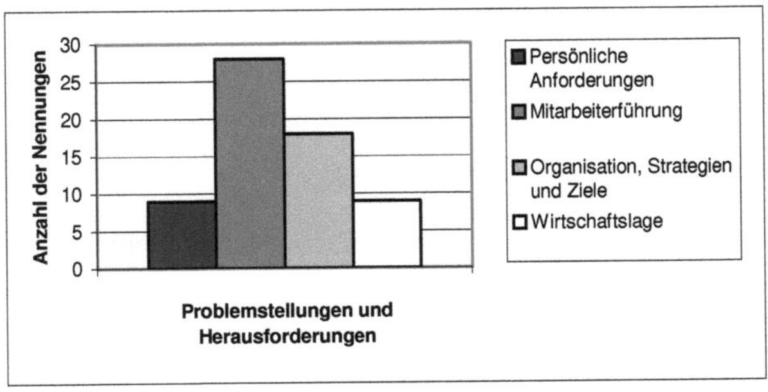

Abbildung 17

Problemstellungen und Herausforderungen der Führungskräfte und des Unternehmens

Die persönlichen Anforderungen (9) an die Führungskräfte liegen in der persönlichen Weiterentwicklung, der Selbstkontrolle und der besseren Nutzung von eigenen Ressourcen. Die Schwierigkeit, als Generalist Spezialentscheidungen treffen zu müssen sowie in Entscheidungsprozessen klare Standpunkte zu vertreten, bilden weitere Herausforderungen, ebenso auch die Kommunikation mit den Kollegen, den Vorgesetzten und den Kunden.

Im Bereich der Mitarbeiterführung (23) liegt die Herausforderung darin, Mitarbeiter trotz schwieriger Rahmenbedingungen zu überzeugen und zu Bestleistungen zu motivieren. Die Ressourcen der Mitarbeiter müssen aufgrund von Personalreduktionen noch optimaler genutzt werden. Die Führungskraft ist gefordert, auf den einzelnen Mitarbeiter einzugehen und durch die Gestaltung eines optimalen sozialen Umfeldes den Rahmen für Teamarbeit zu schaffen.

Die Herausforderungen an Führungskräfte liegen in einer sich rasch ändernden Organisation, in der Entwicklung von internen Abläufen, in der Implementierung von Projekten und in der Bewältigung des Tagesgeschäftes. Strategieentwicklung durch die zukunftsorientierte Ausrichtung des Unternehmens, das Umsetzen der Unternehmenskultur und die Erreichung von Unternehmenszielen bilden weitere Anforderungen (18).

Herausforderungen für Führungskräfte ergeben sich weiters aus der allgemein schlechten Wirtschaftslage (9) im Mikroelektronik-Bereich und den daraus resultierenden Auswirkungen auf das Unternehmen.

WUNSCH NACH EXTERNER UNTERSTÜTZUNG

Was den Wunsch nach externer Unterstützung von Führungskräften betrifft, welchen von den 47 befragten Personen 34 äußern, ergeben sich zusammengefasst folgende Bereiche:

( ) Anzahl der Nennungen

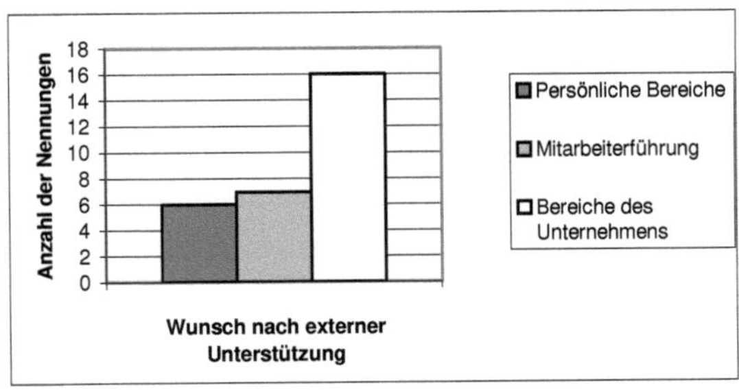

Abbildung 18
Wunsch der Führungskräfte nach externer Unterstützung

Im persönlichen Bereich (6) wünschen sich Führungskräfte externe Unterstützung in psychologischer Hinsicht, zur Motivation, Konfliktbewältigung und zur Persönlichkeitsentwicklung. In punkto Mitarbeiterführung (7) ist ein Bedarf an externer Hilfestellung im Hinblick auf die Mitarbeitermotivation, wie beispielsweise zur Entwicklung und Förderung der Eigeninitiative der Mitarbeiter, gegeben.

Interne Kommunikation und Teamarbeit sind weitere Bereiche, die vereinzelt als extern unterstützenswert angegeben werden. Im organisatorischen (16) Bereich bezieht sich die externe Unterstützung auf die Planung von Arbeitsabläufen, die Umsetzung im Marketing und Vertrieb sowie auf Bereiche der Qualitäts- und Personalentwicklung.

Weitere Bereiche sind der Erfahrungsaustausch mit Externen bezüglich Strategien und Ziele des Unternehmens, deren Umsetzung sowie die Bearbeitung von Entscheidungsprozessen.

EINSCHÄTZUNG DES COACHING-BEDARFS BEI FÜHRUNGSKRÄFTEN

77% der befragten Personen sind der Ansicht, dass Führungskräfte ein Coaching benötigen, 9% sind nicht dieser Meinung und 15% – alle sind Führungskräfte ohne Coaching-Erfahrung – haben diese Frage nicht beurteilt.

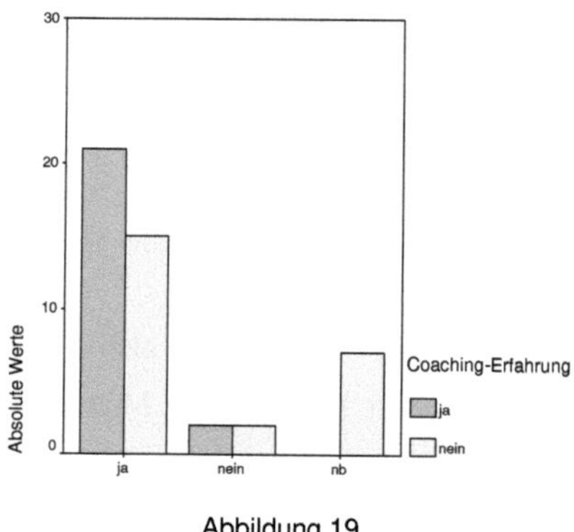

Abbildung 19

Benötigen Führungskräfte ein Coaching?

Aus den Begründungen der 36 Befragten, welche der Ansicht sind, dass Führungskräfte ein Coaching benötigen, wurden folgende Kategorien gebildet:

( ) Anzahl der Nennungen

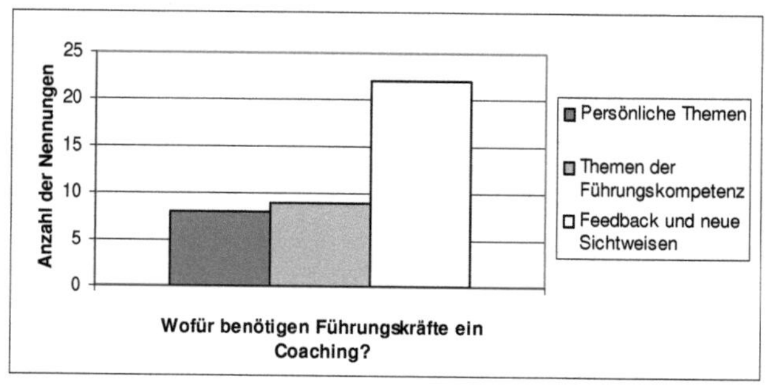

Abbildung 20

Wofür benötigen Führungskräfte ein Coaching?

Eigenmotivation, festgefahrene Denkmuster, persönliches Wirken und der Umgang mit Schwächen sind Anlässe im persönlichen Bereich (8), in denen Führungskräfte, nach Ansicht der Befragten, ein Coaching benötigen würden. Themen der Führungskompetenz (9) bilden das Einstellen auf Veränderungen, das Verhalten in Problem- und Konfliktsituationen und das Entwickeln von sozialer Kompetenz. Feedback von außen und die Gewinnung neuer Sichtweisen (22) werden überwiegend als Begründung angeführt, warum Führungskräfte ein Coaching benötigen.

Ein neutrales Feedback ermöglicht eine Korrektur des Führungsverhaltens und unterstützt die Führungskraft im Umgang mit ihrer Inselposition, d.h. mit Isolation und Alleinsein. Durch die Sicht von außen wird Betriebsblindheit vermieden und Führungskräfte erhalten dadurch einen Abstand zum beruflichen Alltag.

Vier Befragte sind der Ansicht, dass Führungskräfte kein Coaching benötigen. Sie begründen dies damit, dass sie von den bis jetzt geführten Beratungen nicht überzeugt waren und dass Coaching zum Erwerb von Führungskompetenz nichts beitragen kann.

Ein Befragter ist der Meinung, dass externes Coaching durch internes ersetzt werden kann. Von den sieben Führungskräften, die mit „kann ich nicht beurteilen" geantwortet haben, sind vier der Ansicht, dass die Notwendigkeit von Coaching sehr von der Persönlichkeit der Führungskraft abhängig ist. Ein Befragter vertritt den Standpunkt, dass eine gute Führungskraft sich durch Eigen-Coaching auszeichnet.

GEGENWÄRTIGER BEDARF AN FÜHRUNGSKRÄFTE-COACHING

Von den insgesamt 47 befragten Führungskräften würden gegenwärtig gerne 43% ein Coaching in Anspruch nehmen, 40% geben an, sich nicht coachen lassen zu wollen, und 17% werden derzeit gecoacht.

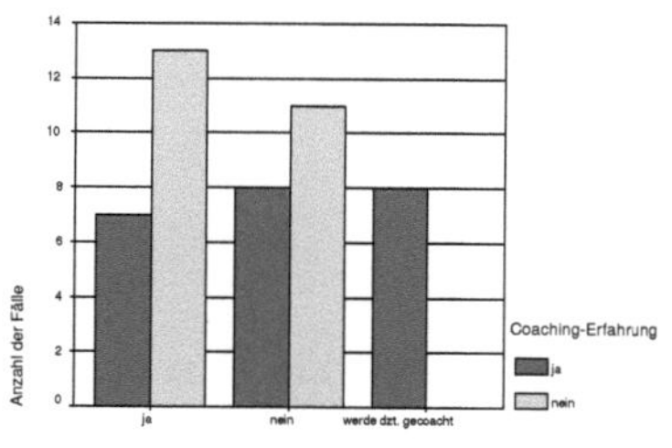

Abbildung 21
Derzeitiger Bedarf der Führungskräfte an Coaching

Von den 20 Führungskräften (43%), die sich gegenwärtig gerne coachen lassen würden, wurden, zusammenfasst, folgende Anlässe für ein Coaching genannt:

( ) Anzahl der Nennungen:

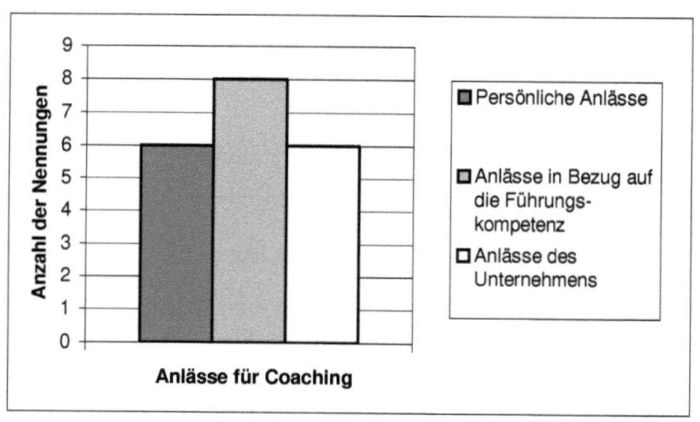

Abbildung 22
Anlässe für Coaching (gegenwärtiger Bedarf)

Persönliche Anlassgründe (6) sind Unsicherheit und Eigenmotivation, Interesse an der persönlichen Weiterentwicklung, das Bedürfnis nach Entlastung und nach einem Feedback von außen. Auf der persönlichen Ebene erwarten sich die Führungskräfte eine Steigerung der Selbstsicherheit und eine Stärkung ihrer Persönlichkeit. Bestätigung durch Feedback, Hilfe zur Selbsthilfe und die Gewinnung von neuen Erfahrungen sind weitere Erwartungen.

Auf der Ebene der Führungskompetenz (8) werden als Anlassfälle genannt: Der Ausbau der fachlichen und sozialen Kompetenz, Unklarheiten in der Bewertung von Entscheidungen, Mitarbeiterführung und Teambildung. Die Befragten erwarten sich gezielte, kompetente Unterstützung in bestimmten Situationen und in der Bearbeitung von Themen, Hilfestellung bei Problemstellungen mit Mitarbeitern und eine Verbesserung der Führungsstruktur im Sinne einer Weiter- und Fortbildung.

In unternehmerischer Hinsicht (6) liegen die Anlässe in der Absicherung von Strategien, in der Nutzung von Verbesserungspotentialen, in der Zielerreichung und bei Richtungsentscheidungen für das Unternehmen. Das Aufbrechen von verfahrenen Strukturen, die Verbesserung der Arbeitsbedingungen und die Optimierung der Arbeitsabläufe sowie die Stärkung der Wirtschaftskraft des Unternehmens sind Erwartungen in Bezug auf unternehmensbedingte Anlässe.

Von den 19 Führungskräften, welche gegenwärtig kein Coaching in Anspruch nähmen, wurden, zusammengefasst, folgende Begründungen genannt, welche für sie zu einem Coaching führen würden:

( ) Anzahl der Nennungen

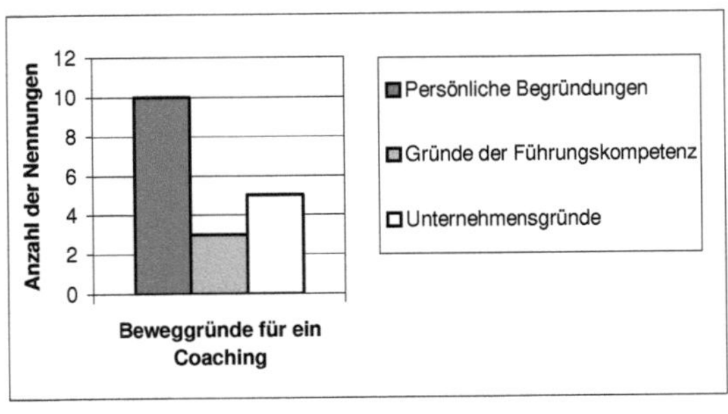

Abbildung 23

Beweggründe, welche zu einem Coaching führen würden

Unlösbare Probleme, Überforderung mit der Position, persönliche Unzufriedenheit und nicht bewältigbare Herausforderungen wären persönliche Beweggründe (10), die ein Coaching erforderlich machen würden. Mehr Zeitressourcen, die Beschäftigung mit Coaching sowie das Kennenlernen von qualitativ hochwertigen Coachs würden ein Coaching ermöglichen. Kritische Entscheidungen, welche von der Führungskraft getroffen müssen und unvorhersehbare Rahmenbedingungen sind weitere Gründe (3), die eine Anspruchnahme von Coaching erfordern würden. Unternehmenswachstum, Veränderungen der Unternehmensstruktur und Klärung der Zukunft des Unternehmens sowie die Erkennung des Nutzens von Coaching für das Unternehmen wären weitere Begründungen (5), welche für ein Coaching sprechen. Von den acht Führungskräften, die derzeit ein Coaching in Anspruch nehmen, stammen drei aus Mittel- und fünf aus Großunternehmen.

3.5.4 Barrieren und Hinderungsgründe

Rund 70% der Befragten geben an, dass es Barrieren und Hinderungsgründe für Führungskräfte gibt, ein Coaching in Anspruch zu nehmen, 13% sehen keine Barrieren und 15%, größtenteils Führungskräfte ohne Coaching-Erfahrung, beurteilen diese Frage nicht.

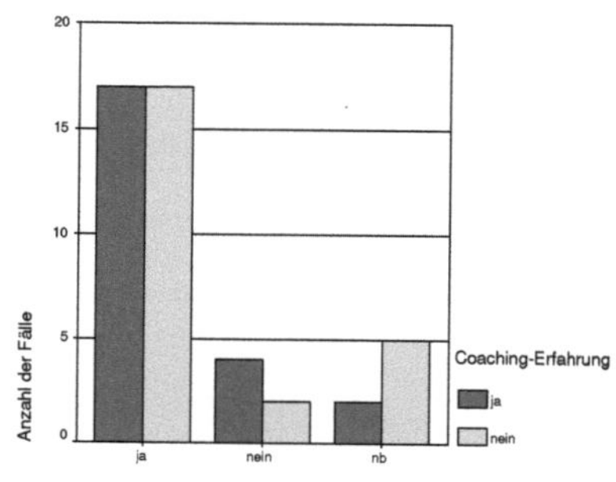

Abbildung 24
Barrieren und Hinderungsgründe im Coaching

Die von den befragten Personen genannten Barrieren und Hinderungsgründe lassen sich in folgende Kategorien gliedern:

( ) Anzahl der Nennungen

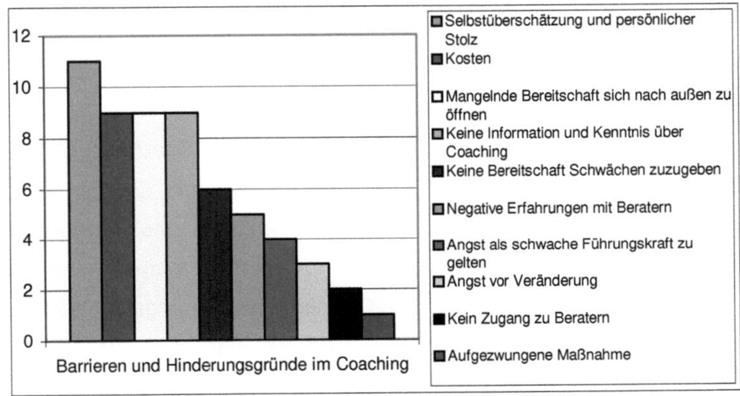

Abbildung 25
Barrieren und Hinderungsgründe im Coaching

Selbstüberschätzung und persönlicher Stolz (11) sind nach den Angaben der Befragten die häufigsten Gründe, warum Führungskräfte kein Coaching in Anspruch nehmen. Persönliche Eitelkeiten und scheinbare Vollkommenheit werden als Barrieren genannt. Die Kosten (9) werden als weitere Begründung genannt, wobei das Preis-Leistungsverhältnis und der Zeitaufwand für das Coaching als hindernd angesehen werden.

Mangelnde Bereitschaft, sich nach außen zu öffnen (9), ist vor allem bei den Führungskräften ohne Coaching-Erfahrung eine häufig genannte Barriere. Ebenso hinderlich ist der Umstand, sich einem externen Coach mit firmeninternen und persönlichen Themen anzuvertrauen. Keine Informationen und zu wenig Kenntnis über Coaching (9) werden des Weiteren als Hürde für Führungskräfte angesehen, ein Coaching in Anspruch zu nehmen. Die Befragten haben keine Erfahrung mit dieser aus ihrer Sicht neuen Beratungsform und sie können auch die Auswirkungen nicht einschätzen.

Die Bereitschaft, im Coaching Schwächen zuzugeben und einzugestehen (6) sowie diese offen zu bearbeiten, stellt eine zusätzliche Barriere dar. Negative Erfahrungen mit Beratern (5) werden von coachingerfahrenen Führungskräften als Hinderungsgrund angegeben.

Führungskräfte ohne Coaching-Erfahrung geben an, keinen Zugang zu bekannten und vertrauenswürdigen Coachs zu haben. Bei ihnen ist auch die Angst, als schwache Führungskraft zu gelten, wenn man Coaching in Anspruch nimmt, ein Hinderungsgrund (4). Angst vor Veränderung (3), der fehlende Zugang zu Beratern (2) und Coaching als aufgezwungene Maßnahme (1) werden vereinzelt als Barrieren angeführt. Einige Unternehmen sehen keine Hinderungsgründe und Barrieren. Eine Offenheit der Führungskraft gegenüber anderen Sichtweisen und neuen Wegen wird vorausgesetzt, entscheidend ist die Auswahl des Coach sowie das Preis-Leistungsverhältnis.

3.5.5 Coaching-Angebot

Mehr als der Hälfte (26) der befragten Führungskräfte (47) wurde in der Vergangenheit Coaching angeboten.

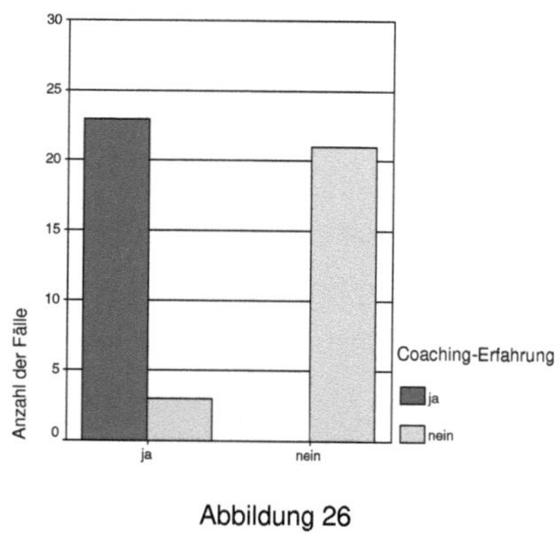

Abbildung 26
Coaching-Angebot

Diese Angebote gliedern sich in folgende Kategorien:

( ) Anzahl der Befragten

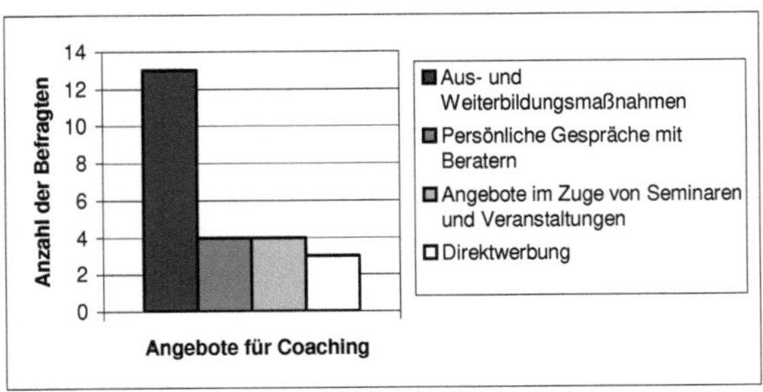

Abbildung 27
Angebote für Coaching

Mehr als die Hälfte der Angebote von Coaching an Führungskräfte (13) erfolgte im Zuge von Aus- und Weiterbildungsmaßnahmen, welche in erster Linie in Mittel- und Großunternehmen verbreitet sind. Persönliche Gespräche mit Beratern (4), Angebote bei Seminaren und Veranstaltungen (4) sowie Direktwerbung (3) waren weitere Formen. Zwei Führungskräfte machten keine Angabe.

Führungskräfte, denen ein Coaching angeboten wurde, haben zu 90% auch ein Coaching in Anspruch genommen. Umgekehrt wurde jenen Führungskräften, die keine Coaching-Erfahrung haben, zu etwa 90% auch kein Coaching angeboten.

Jenen Führungskräften, die keine Coaching-Erfahrung haben und die sich gegenwärtig oder in der Vergangenheit gerne hätten coachen lassen, wurde kein Coaching angeboten.

3.5.6 Kriterien für die Auswahl eines Coach

Nach den Antworten der Befragten ergibt sich folgende Kategorisierung:
( ) Anzahl der Nennungen

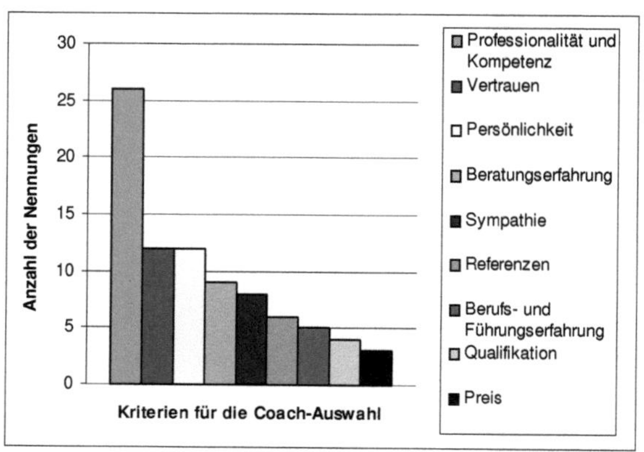

Abbildung 28
Kriterien für die Coach-Auswahl

Professionalität und Kompetenz (26) werden als die wichtigsten Kriterien für die Auswahl eines Coach angesehen. Vertrauen zum Coach (12) und dessen Persönlichkeit (12) sind weitere wichtige Kriterien, gefolgt von Beratungserfahrung (9) und Sympathie (8). Referenzen (6), Berufs- und Führungserfahrung (5) sowie die Qualifikation des Coach (4) und der Preis (3) werden vereinzelt als Kriterien angegeben.

Vergleich von Führungskräften mit und ohne Coaching-Erfahrung:

Im Vergleich von Führungskräften mit und ohne Coaching-Erfahrung wird deutlich, dass die Häufigkeit der Nennungen in Bezug auf Professionalität und Kompetenz bei jenen mit Coaching-Erfahrung deutlich höher ist und dass ihnen auch das Vertrauen zum Coach wichtiger erscheint.

Sympathie, Referenzen sowie die Qualifikation und der Preis sind Führungskräften, die mit Coaching noch keine Erfahrung haben, wichtigere Kriterien in Bezug auf die Coach-Auswahl.

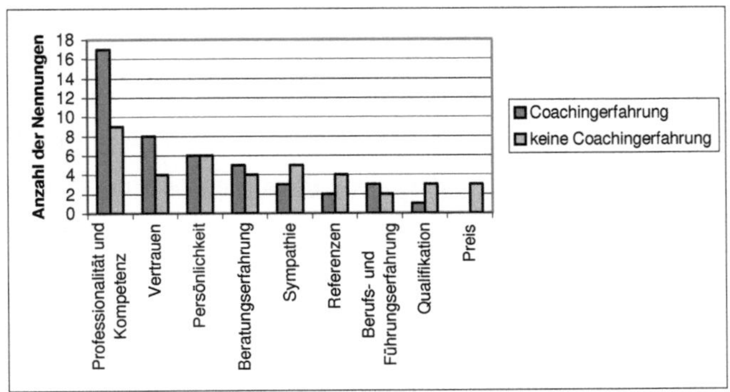

Abbildung 29
Kriterien für die Coach-Auswahl: Vergleich von Führungskräften mit und ohne Coaching-Erfahrung

3.5.7 Bezahlung von Coaching

Etwa die Hälfte der befragten Personen wäre bereit, ein Coaching ganz oder teilweise privat zu finanzieren.

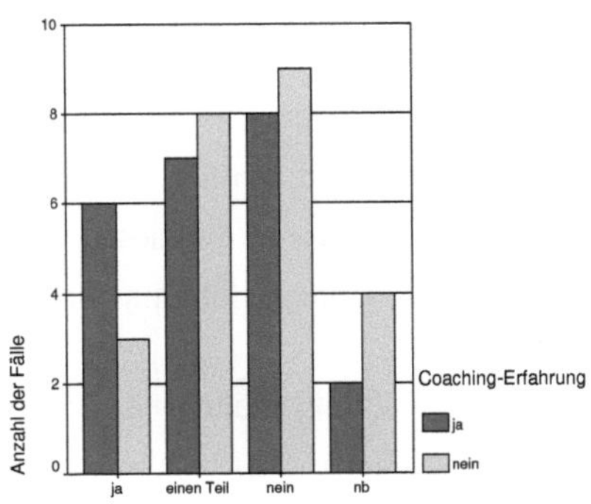

Abbildung 30
Bereitschaft, ein Coaching privat zu bezahlen

Neun Führungskräfte, die bereit wären ein Coaching zu Gänze privat zu bezahlen, rechtfertigen den finanziellen Aufwand mit der Wichtigkeit von persönlicher Entlastung und Weiterentwicklung. Weiters begründen sie dies mit der daraus resultierenden Unabhängigkeit gegenüber anderen Führungskräften.

15 Befragte erklären sich bereit, einen Teil des Coachings privat zu finanzieren. Ein Großteil der Führungskräfte betont den Nutzen, nicht nur für das Unternehmen, sondern auch für die eigene Persönlichkeit. Für einige Personen spielt der Preis des Coachings eine bedeutende Rolle, beispielsweise die Leistbarkeit aufgrund eines zu niedrigen Gehalts.

17 Personen geben an, nicht bereit zu sein, die Finanzierung eines Coachings privat zu übernehmen. Einige Führungskräfte sehen darin ausschließlich einen Profit und Vorteil für das Unternehmen, daher sind sie nicht bereit, ein Coaching privat zu bezahlen. Einige der Befragten betrachten Coaching als selbstverständlichen Teil ihrer Arbeit, der vom Unternehmen zur Verfügung gestellt und damit auch bezahlt wird.

Vergleich der Führungskräfte mit und ohne Coaching-Erfahrung:

Der Anteil an Befragten, die ein Coaching privat bezahlen würden, ist bei der Gruppe der Führungskräfte mit Coaching-Erfahrung höher als bei jenen Führungskräften ohne Erfahrung. Einen geringen Unterschied gibt es in dem Bereich, wo Führungskräfte bereit sind, ein Coaching teilweise bzw. überhaupt nicht privat zu bezahlen. Der Anteil derer, die diese Frage nicht beurteilen, ist bei den Führungskräften ohne Coaching-Erfahrung höher.

Obwohl mehr als 50% der Führungskräfte mit Coaching-Erfahrung bereit wären, ein Coaching privat zur Gänze oder teilweise zu finanzieren, wurden in der Vergangenheit, mit einer Ausnahme, alle Coachings vom jeweiligen Unternehmen bezahlt.

3.5.8 Zusammenfassung

Etwa die Hälfte der befragten Personen hat Erfahrung mit Führungskräfte-Coaching, wobei diese Erfahrung mit der Größe des Unternehmens, gemessen an der Mitarbeiterzahl, steigt. 30% der Führungskräfte aus Klein-, 45% der Führungskräfte aus Mittel- und 100% der Führungskräfte aus Großunternehmen geben an, Coaching in der Vergangenheit in Anspruch genommen zu haben. Als Form kam in den meisten Fällen ein vom Unternehmen bezahltes Einzel-Coaching zum Einsatz. Die Anlässe waren meist Aus- und Weiterbildungsmaßnahmen zum Ausbau und zum Erwerb von Führungskompetenzen. Persönliche Anlässe, wie berufliche Unzufriedenheit und Überlastung, und Anlässe des Unternehmens, beispielsweise Veränderungen hinsichtlich der Strategie und der Struktur des Unternehmens, werden seltener genannt. Die gecoachten Führungskräfte haben überwiegend positive Erfahrungen gemacht und sich auf persönlichen und funktionalen Ebene weiterentwickelt. Es fällt auf, dass vorwiegend Führungskräfte aus Kleinst- und Kleinunternehmen negative Erfahrungen mit Coaching gemacht haben. Dies wird von ihnen mit einer mangelnden Kompetenz des Beraters – in fachlicher als auch sozialer Hinsicht – und mit einer aus ihrer Sicht schlechten Qualität des Angebots begründet. Daraus lässt sich ableiten, dass durch den boomenden Coaching-Markt und die fehlenden Qualitätskriterien – wie in Kapitel 2.5 und 2.6 dargestellt – es dem Coaching-Klienten schwer fällt, ein für ihn passendes Angebot auszuwählen. Vor allem in Kleinst- und Kleinunternehmen fehlen – im Gegensatz zu Mittel- und Großunternehmen – die notwendigen Zeit- und Personalressourcen dafür.

Die Führungskräfte ohne Coaching-Erfahrung stammen alle aus Klein- und Mittelunternehmen. Nach eigenen Angaben hätte etwa die Hälfte von ihnen in der Vergangenheit gerne Coaching in Anspruch genommen. Die Anlässe dafür lagen vor allem im persönlichen Bereich, wie in der Unterstützung auf der emotionalen Ebene, und in der Entwicklung von Führungskompetenzen, wie beispielsweise die Verbesserung der Entscheidungsqualität. Führungskräfte, die sich nicht coachen lassen wollten, sahen keinen Bedarf bzw. keine Notwendigkeit dazu. Einem Teil der Führungskräfte ist Coaching nicht bekannt, es wurde bis dato nicht thematisiert und kann daher auch nicht bewertet werden.

Rund drei Viertel der Führungskräfte haben eine sehr positive bzw. positive Meinung in Bezug auf Führungskräfte-Coaching und betonen dabei die positive Wirkung auf die Führungskraft und die Wichtigkeit des Einbringens einer Außenperspektive. Für einen Teil der Befragten sind mangelnde Beschäftigung mit dem Thema Coaching und negative Beratungserfahrungen ausschlaggebend für eine neutrale bzw. negative Einstellung.

Coaching wird von über 80% der befragten Personen als hilfreich für die Führungskraft und nützlich für das Unternehmen eingeschätzt. Die Hilfestellung für die Führungskraft wird vor allem im persönlichen Bereich und vermehrt von Führungskräften mit Coaching-Erfahrung gesehen. Des weiteren werden die Entwicklung der Führungskompetenz, der Erhalt eines neutralen Feedbacks und die Gewinnung neuer Sichtweisen als unterstützend angeführt. Als nicht hilfreich wird Coaching in fachlicher Hinsicht und in Bezug auf das Übertragen von Verantwortung und Entscheidungen auf den Coach angesehen. Der Nutzen für das Unternehmen liegt in der Verbesserung der Kompetenz der Führungskraft, wie beispielsweise in der Mitarbeiterführung. Die Steigerung des Unternehmenserfolges wird vorwiegend von Führungskräften ohne Coaching-Erfahrung als wesentlicher Nutzen für das Unternehmen angesehen. Die Verbesserung der Mitarbeiterzufriedenheit und des Betriebsklimas werden hingegen überwiegend von Führungskräften mit Coaching-Erfahrung als für das Unternehmen nützlich erachtet.

Mehr als die Hälfte der Führungskräfte haben ein hohes bis sehr hohes Vertrauen in Coaching, welches bei der Gruppe von Führungskräften mit Coaching-Erfahrung auf mehr als 70% anwächst. Sie begründen dies mit den damit gemachten positiven Erfahrungen. Die Gruppe der Führungskräfte ohne

Coaching-Erfahrung machen das Vertrauen sehr stark von der Person des Coach abhängig. Die geringe Anzahl der Befragten mit niedrigem Vertrauen begründen dies vereinzelt mit negativen Erfahrungen mit Beratern und den fehlenden Beurteilungs- und Entscheidungskriterien am boomenden Coaching-Markt.

Die Problemstellungen und Herausforderungen an Führungskräfte liegen in erster Linie in der Mitarbeiterführung, d.h. Mitarbeiter trotz immer schwierigerer Rahmenbedingungen zu überzeugen und zu motivieren. Die persönlichen Anforderungen beziehen sich auf die Steigerung der Selbst- und Sozialkompetenz. Im Bereich des Unternehmens geht es um die Bewältigung von Herausforderungen einer sich stark verändernden Organisation unter dem Druck der allgemein schlechten Wirtschaftslage in der Mikroelektronikbranche. Etwa drei Viertel der befragten Führungskräfte äußern den Wunsch nach externer Unterstützung. Mehr als die Hälfte davon wünscht sich Unterstützung im organisatorischen Bereich, d.h. bei der Planung von Abläufen, im Marketing und Vertrieb sowie in der Qualitäts- und Personalentwicklung. Die übrigen Befragten geben an, im persönlichen Bereich sowie in der Mitarbeiterführung Unterstützung zu benötigen.

Knapp vier Fünftel der Befragten sind der Ansicht, dass Führungskräfte ein Coaching benötigen. Mehr als die Hälfte davon ist der Meinung, dass das neutrale Feedback für die Führungskraft von außen und die Gewinnung neuer Sichtweisen dafür ausschlaggebend ist. Das Bearbeiten von persönlichen Themen und Themen der Führungskompetenz sind weitere Begründungen für die Notwendigkeit eines Führungskräfte-Coachings.

Derzeit würden mehr als 40% der befragten Führungskräfte gerne ein Coaching in Anspruch nehmen. Die Anlässe gründen – etwa zu gleichen Teilen – im persönlichen Bereich, im Bereich der Führungskompetenz und im unternehmerischen Bereich. Mehr als die Hälfte jener, die derzeit kein Coaching in Anspruch nehmen würden, haben persönliche Gründe angeführt, wie unlösbare Probleme, Überforderung mit der Position, persönliche Unzufriedenheit, mehr Zeitressourcen und die Beschäftigung mit Coaching, die ein Coaching erforderlich machen bzw. ermöglichen würden.

Mehr als zwei Drittel der Befragten sind der Ansicht, dass Barrieren und Hinderungsgründe für Führungskräfte vorhanden sind, die gegen die Inanspruchnahme von Coaching sprechen. Selbstüberschätzung und persönlicher Stolz, die Kosten, die mangelnde Bereitschaft der Führungskraft, sich nach außen zu öffnen, keine Informationen sowie zu wenig Kenntnis über Coaching sind die meist genannten Argumente der befragten Führungskräfte. Als Führungskraft Defizite einzugestehen und die damit verbundene Angst, als schwache Führungskraft zu gelten, sind weitere Hemmschwellen.
Die Angst vor Veränderung und negative Erfahrungen mit Beratern werden als weitere Barrieren genannt. Im Vergleich von Führungskräften mit und ohne Coaching-Erfahrung wird deutlich, dass die Angst, als schwache Führungskraft zu gelten, nur von jenen Befragten angegeben wird, die Coaching in der Vergangenheit nicht in Anspruch genommen haben. Auch die mangelnde Bereitschaft, sich nach außen zu öffnen, und der fehlende Zugang zu Beratern wird von dieser Gruppe häufiger als Hinderungsgrund angegeben. Negative Erfahrungen mit Beratern werden nur von coachingerfahrenen Führungskräften als Barriere genannt. Die Bereitschaft, Schwächen zuzugeben, wird von dieser Gruppe vermehrt als weiterer Hinderungsgrund angeführt.

In der Vergangenheit wurde ca. der Hälfte der befragten Führungskräfte ein Coaching angeboten. Vorwiegend geschah dies in Mittel- und Großunternehmen im Zuge von Aus- und Weiterbildungsmaßnahmen. Weiters wurde Coaching in persönlichen Gesprächen mit Beratern, durch Angebote bei Seminaren und Veranstaltungen sowie durch Direktwerbung angeboten. Führungskräfte, denen ein Coaching angeboten wurde, haben zu 90% auch ein Coaching in Anspruch genommen.

Jenen Führungskräften, die keine Coaching-Erfahrung haben, wurde zu etwa 90% auch kein Coaching angeboten. Allen Führungskräften, die keine Coaching-Erfahrung haben und die sich gegenwärtig oder in der Vergangenheit gerne hätten coachen lassen, wurde kein Coaching angeboten.

Rund die Hälfte der befragten Personen wäre bereit, ein Coaching ganz oder teilweise privat zu finanzieren. Sie begründen dies mit der Wichtigkeit von persönlicher Entlastung und Weiterentwicklung und mit dem Nutzen, nicht nur für das Unternehmen, sondern auch für die eigene Persönlichkeit. Vereinzelt wird die finanzielle Leistbarkeit als Voraussetzung angeführt.

Jene Gruppe der Führungskräfte, die nicht bereit ist, die Finanzierung eines Coachings privat zu übernehmen, begründet dies mit dem damit verbundenen Profit und Vorteil für das Unternehmen und betrachtet das Coaching als selbstverständlichen Teil ihrer Arbeit, der vom Unternehmen finanziert werden muss. Der Anteil an Befragten, die ein Coaching zur Gänze privat bezahlen würde, ist bei der Gruppe der Führungskräfte mit Coaching-Erfahrung höher als bei jener Gruppe von Führungskräften ohne Erfahrung. Mehr als 50% der Führungskräfte mit Coaching-Erfahrung sind bereit, ein Coaching privat zur Gänze oder teilweise zu finanzieren. In der Vergangenheit wurden jedoch, mit einer Ausnahme, alle Coachings vom jeweiligen Unternehmen bezahlt.

Professionalität und Kompetenz werden als die wichtigsten Kriterien bei der Coach-Auswahl angesehen. Vertrauen zum Coach, dessen Persönlichkeit, Beratungserfahrung und Sympathie sind weitere Kriterien. Referenzen, Berufs- und Führungserfahrung, Qualifikation des Coach und der Preis spielen des Weiteren eine Rolle bei der Auswahl eines Coach. Führungskräften mit Coaching-Erfahrung ist die Professionalität und Kompetenz sowie das Vertrauen zum Coach ein wichtiges Kriterium. Sympathie, Referenzen sowie die Qualifikation und der Preis sind für Führungskräfte, die mit Coaching noch keine Erfahrung haben, ausschlaggebend bei der Coach-Auswahl.

4 Erfahrungen – Umgang – Ergebnisse

Studie 2: Coaching aus der Perspektive von gecoachten Führungskräften

4.1 Ausgangssituation

In dieser Studie wird Coaching aus der Sicht von 34 gecoachten Führungskräften beschrieben. Diese haben im Zeitraum von November 2003 bis September 2005 ein Coaching mit einem externen Coach in Anspruch genommen.

Ziel dieser Studie ist es, Coaching im Hinblick auf den Prozess, die Ergebnisse und die Rahmenbedingungen seitens der Coaching-Klienten zu beleuchten. Letztlich soll durch die Befragung der gecoachten Führungskräfte ihre Zufriedenheit im Hinblick auf verschiedene Aspekte im Beratungsprozess überprüft werden.

Den Coaching-Klienten wurden rund drei Monate nach Abschluss des Coachings über E-Mail ein Fragebogen zugesandt. In der folgenden Auswertung wurden die Ergebnisse zusammengefasst und die direkten Zitate der befragten Führungskräfte in Anführungszeichen gesetzt.

4.2 Zielgruppe

Die 34 Coaching-Klienten setzen sich aus 18 weiblichen und 16 männlichen Führungskräften zusammen. Diese waren zum Zeitpunkt der Befragung im Alter von 22 bis 51 Jahren, das Durchschnittsalter beträgt 36,2 Jahre.

Die Führungskräfte teilen sich auf folgende Branchen auf:

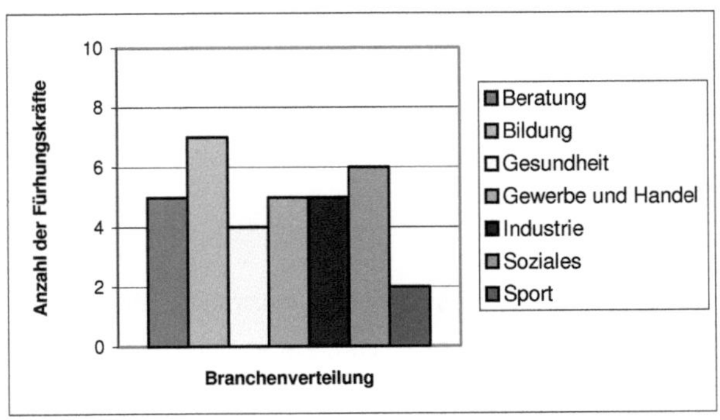

Abbildung 31

Branchen der gecoachten Führungskräften

Von den 34 Coaching-Klienten haben 25 einen Zweier-Vertrag, d.h. autonom als Führungskraft und neun einen Dreiecksvertrag, unter Einbeziehung der Personalabteilung, abgeschlossen.

Die Klienten absolvierten drei bis sieben Coaching-Sitzungen mit einer jeweiligen Dauer von zwei Stunden. Der Abstand zwischen den einzelnen Sitzungen betrug rund zwei bis vier Wochen. Das Coaching fand, ausgenommen von vier Fällen - außerhalb des Unternehmens statt.

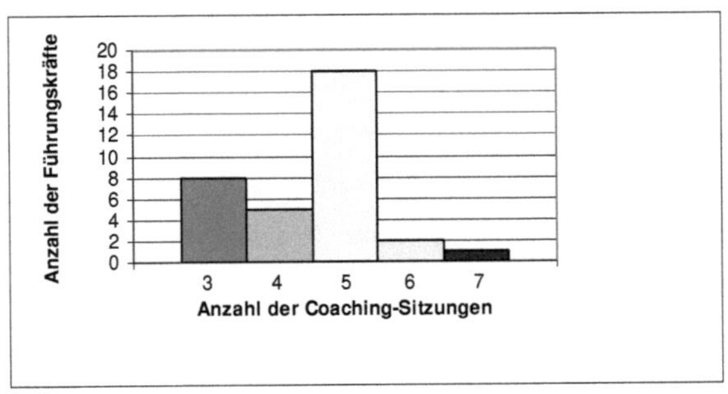

Abbildung 32

Anzahl der Coachingsitzungen

4.3 Wie erleben Führungskräfte ein Coaching?

Bezogen auf die Anfangssituation beschreiben die Klienten, „neugierig" gewesen zu sein, ob und was sich bei ihnen durch das Coaching verändern könnte.

Sie lassen das Coaching zunächst „auf sich zukommen" und haben auch „nicht das Gefühl", sich speziell darauf vorbereiten zu müssen. Eine Klientin beschreibt, dass Coaching „(...) ein bisschen wie eine Beziehung ist. Am Anfang beschnuppert man sich erst einmal, bevor man aufmacht."

Ein „klärendes und informatives Erstgespräch" wird dabei als „sehr wichtig und hilfreich" empfunden. Die Zusage von „Vertraulichkeit und Diskretion" wirke „im hohem Maße" förderlich am Beginn des Coachings.

Die Einstellung zum Coaching hat sich bei einzelnen Klienten von einer „vorher eher ablehnenden" hin zu einer „positiven, überzeugenden" Einstellung entwickelt. Die anfängliche Erwartungshaltung bei Einzelnen lag zunächst im „Bekommen von geballter Fachinformation" oder auch im „Üben von Aufgabenstellungen". „Skepsis" herrscht anfänglich manchmal auch darüber, dass ein Coach einem beruflich erfahrenen "alten Hasen" überhaupt „etwas beibringen kann".

Die einzelnen Coaching-Sitzungen werden von den Klienten als „sehr angenehm und entspannt" erlebt. Sie sind meist „leicht und schnell in der Lage", sich während der Sitzungen völlig auf den Coachingprozess zu konzentrieren. Sie beschreiben den Prozess als sehr hilfreich und unterstützend, direkt und offen, aber auch als sehr anstrengend und intensiv. Letzteres insbesondere aufgrund der „ungewöhnlichen aber sehr strukturierten" Fragestellungen.

Ein Coaching-Klient beschreibt dies folgendermaßen:

„Die einzelnen Sitzungen haben für mich immer wieder neue Erkenntnisse aber auch viele Denkanregungen und neue Fragen ergeben. Vieles, das man im ersten Moment im Kopf noch nicht sofort begreifen hat können, zeigte sich aber in späteren Verhaltens- und Handlungsweisen."

Die Klienten erleben das Coaching als ein „offenes Gespräch" zur "Anregung von Lern- und Denkprozessen" und als eine neue, angenehme Lernerfahrung. Nach dem Coaching sei „immer ein gutes Gefühl" – im Sinne von „Entspannung und Entschleunigung" – vorhanden gewesen und man habe einen „zunehmenden Erfolg von der ersten bis zur letzten Sitzung" verspürt. Als Voraussetzung dafür wird ein „sich Einlassen" und eine „positive Einstellung" zum Coaching angesehen. Nach der letzten Sitzung haben die Klienten „definitiv das Gefühl gehabt", dass das Coaching für sie abgeschlossen war.

Nach Abschluss des Coachings beschreiben einzelne Klienten, zukünftig – genannt werden Zeiträume von zwei Monaten bis hin zu einem Jahr – wieder ein Coaching in Anspruch nehmen zu wollen. Begründet wird dies damit, dass es der "persönlichen Weiterentwicklung bezüglich der Person und Funktion dienlich und wichtig ist" und es „auf vielen Ebene – beruflich aber auch vereinzelt privat - gewirkt hat".

Häufig wird von den Klienten auch der Wunsch geäußert, „das mit dem Coach Erarbeitete erstmals vermehrt umsetzen" zu wollen und dann eventuell wieder ein „neues Coaching zu starten."

4.4 Was passiert im Coaching?

Das Coaching wird als „Analyse und Bearbeitung von vergangenen, gegenwärtigen und zukünftigen Situationen“ und als „Unterstützung in allen aktuellen Themen der Arbeit“ angesehen.

Das „Nachstellen“ und "Ausprobieren von Situationen“ und das „Durchspielen von aktuellen Vorhaben“ bringt „Transparenz“ und „Hilfe bei der Veranschaulichung“ der jeweiligen Thematik.

Coaching wird als "Persönlichkeitsarbeit“ angesehen, die dabei hilft, „neue Seiten an sich zu entdecken und sich erstmals durch die Behandlung von sehr persönlichen Themen mit sich selbst auseinander zu setzen.“ Im Coaching werden „Gefühle und Einstellungen zu bestimmten Dingen“ reflektiert. Der „Fokus auf mich und meine Situation“ vermittelt den Klienten das Gefühl, „defacto als DER Hauptdarsteller“ zu agieren.

Beispiele für mögliche Inhalte im Coaching sind:

- das Planen und Umsetzen von Vorhaben, Zielen und Projekten
- das Bearbeiten von „schwierigen“ Situationen und Konflikten im Alltag
- die Reflexion der eigenen Position im Unternehmen
- Entscheidungsfindung
- Personalentwicklung und Unternehmenskultur
- Agenden der Selbstorganisation
- Die Beziehung zu und Kommunikation mit Mitarbeitern, Kollegen und Vorgesetzten

4.5 Was bewirkt Coaching?

Die Coaching-Klienten sind der Ansicht, dass Coaching ein „wirkliches Auseinandersetzen mit sich – seinen Gefühlen und Einstellungen, über die man sonst nicht spricht und auch nicht besonders darüber nachdenkt – und seiner Situation“ ist. Die Klienten betrachten Coaching als eine „Unterstützung der Selbstreflektionsfähigkeiten“ und als „eine Art des Heraussteigens aus der eigenen Haut und dem Alltag“. Es „hilft Menschen dabei, das Beste aus sich herauszuholen.“

„Irgendwie betrachtet man sich von außen, sieht die Dinge plötzlich differenzierter und klarer“ und erhält dadurch eine „andere Sicht der Dinge bzw. Personen“. Bei den befragten Führungskräften entstand dadurch eine „Bewusstseinsänderung in vielen Dingen“ und es „fördert die persönlicher Entwicklung“. Durch „die Offenlegung von Themen“ kann man „sein eigenes Verhalten effektiver gestalten“ und erhält durch das „Aufarbeiten von nicht gelösten Dingen“ einen „Anstoß zur Verhaltensänderung“.

Coaching wird als eine „Unterstützung bei der Erledigung von Aufgaben“ und als „Stärkung von Motivation und Selbstvertrauen“ betrachtet. In Entscheidungsfragen wird es als eine „optimale Entscheidungsvorbereitung, welche auch emotional reflektiert ist“ angesehen.

4.6 Was verändert sich durch Coaching?

In **persönlicher Hinsicht** traten bei den gecoachten Führungskräften folgende Veränderungen ein:

- Erhöhtes Selbstbewusstsein
- Mehr Sicherheit und Distanz
- Mehr Ruhe und Gelassenheit
- Besseres Selbstbild und Selbstverständnis

- Höheres Zufriedenheitsgefühl
- Höhere Entscheidungs- und Lösungskompetenz
- Besseres Bewusstsein über die eigenen Ressourcen
- Verbesserung des Auftretens in der Öffentlichkeit
- Höhere persönliche Veränderungsbereitschaft

In **funktionaler Hinsicht**, d.h. in Bezug auf die Rolle, Funktion und Position im Unternehmen, veränderte sich bei den Klienten folgendes:

- Neutralere Betrachtungsweise und verbessertes Verständnis für „schwierige" Situationen und erweitertes Handlungsrepertoire als Führungskraft
- Veränderungen der Einstellungen und Verhaltensweisen im beruflichen Umfeld und Erweiterung der Sichtweisen
- Verbesserung des Führungsverhalten
- Stärkung der Führungsfunktion
- Gesteigerte Konzentration auf gesteckte Ziele
- Verbesserung der Kommunikation im Unternehmen

Exemplarisch seien hier einige Einzelaussagen von Klienten festgehalten:

"Durch das Coaching wurde das Bewusstsein dafür geschärft, dass berufliche Entscheidungen auch im Hinblick auf die eigene Befindlichkeit hinterfragt werden müssen."

„Die behandelten Themen beschäftigen mich selbst, die genauen Auswirkungen werden sich erst mit der Zeit abzeichnen."

„Mit dem neuen Wissen ist es mir jetzt auch möglich, meiner Kollegin anders gegenüber zu treten. Meine eigene Hemmschwelle wurde stark abgebaut, dies ist für mich eine große Erleichterung."

„Ich war bis jetzt eine Angestellte, die gerne eine Führungskraft wäre. Nun bin ich auf dem Weg eine Führungskraft zu werden, die Angestellte eines Unternehmens ist."

„Die Veränderungen bezüglich meiner beruflichen Tätigkeit waren für mich und für mein Team deutlich spürbar. Mein Team erlebt mich auch anders, dies wurde auch schon klar geäußert. Das Coaching bewirkte eine Steigerung der Teamentwicklung."

„Ich habe bei Konflikten mit Mitarbeitern keine „Angst" und auch kein „unangenehmes Gefühl" mehr. Durch das Coaching erlernte ich eine andere Gesprächsführung und dadurch auch andere Möglichkeiten zur Konfliktlösung."

„Als Führungskraft bin ich professioneller geworden und gebe an und bekomme von meinen Mitarbeitern ein kontinuierliches, konstruktives Feedback."

„Ich gehe heute gelassener mit beruflichen und internen Entscheidungen um und betrachte die Dinge zuerst mal von außen – von verschiedenen Richtungen. Deutlichere Abgrenzung meiner Person von anderen Entscheidungsträgern bzw. einflussnehmenden Faktoren."

„Meine Einstellung zum Delegieren hat sich verändert – das funktioniert heute prächtig: Ich delegiere mehr Aufgaben und Verantwortungen an Mitarbeiter und leiste die nötige Unterstützung."

„Ich bin froh die Sitzungen gemacht zu haben, die Zeit und das Geld sind sehr gut investiert worden. Diese Investition wird sich noch auf Jahre rechnen."

4.7 Wie gehen Führungskräfte mit Coaching um?

Das berufliche und private Umfeld wurde über das Coaching von den Klienten unterschiedlich in Kenntnis gesetzt. Der Bogen spannt sich von einem sehr diskreten bis hin zu einem sehr offenen Umgang. Diskret bedeutet, dass in erster Linie nur Menschen aus dem unmittelbaren, persönlichen Bereich – wie Lebenspartner, Familienmitglieder und sehr gute Freunde – über das Coaching informiert werden.

Bei einem offenen Umgang wissen im beruflichen Umfeld beispielsweise Kollegen, Mitarbeiter und Vorgesetzte über das Coaching der jeweiligen Führungskraft Bescheid.

Es zeigt sich jedoch sehr deutlich, dass ein Großteil der Führungskräfte – rund 80% der Befragten – die Inanspruchnahme von Coaching sehr diskret behandelt.

4.8 Was wird von einem Coach erwartet?

„Die persönliche, vertrauensvolle Beziehung zum Coach – die „Chemie“ - wird als Grundvoraussetzung genannt, sich auf einen Coaching-Prozess einzulassen, wobei es sehr häufig „Überwindung kostet“, sich einer „fremden Person zu öffnen.“ Der Coach wird in einigen Fällen als „Vorbild für die eigene Persönlichkeit“ angesehen, was wiederum Auswirkungen „auf die Führung von Mitarbeitern“ im Sinne eines „unterstützenden Führungsstils“ hat.

Zusammengefasst wurden von den 34 befragten Führungskräften folgende Punkte genannt:

- Kompetenz und Professionalität in „allen“ Beziehungen.
- Souveränität, in jedem Moment der Aufgabe gewachsen zu sein
- Fähigkeit, eine gute, persönliche Beziehung aufzubauen und Vertrauen entgegen zu bringen
- Das Anliegen des Klienten ernst nehmen
- Positive Ausstrahlung
- Ehrlichkeit, Konsequenz im Verhalten und Authentizität
- Unterstützende, emphatische Grundhaltung
- Fähigkeit, ein offenes Gesprächsklima zu schaffen
- Behutsamer Umgang mit sensiblen Themen
- Geduld, dem Klienten Zeit zu geben selbst „dahinter zu kommen“
- Absolute Verschwiegenheit
- Bereitschaft zum Zuhören und die Fähigkeit zum Hinterfragen bzw. die „richtigen“ Fragen zu stellen

4.9 Wie bewerten Führungskräfte ein Coaching?

Abschließend wird dargestellt, wie die Führungskräfte das Coaching insgesamt beurteilen.

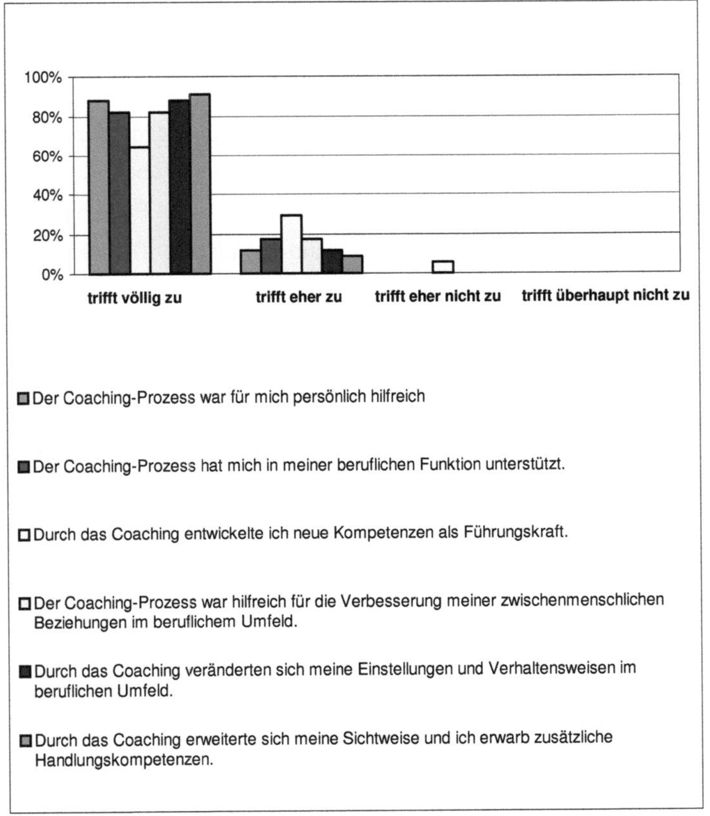

Abbildung 33

Bewertung von Coaching

5 Schlussfolgerungen und Ausblick

Coaching bietet für Führungskräfte eine große Hilfestellung und bewirkt einen hohen Nutzen für das Unternehmen. Die Führungskraft erhält durch Coaching externes Feedback und gewinnt dabei neue Sichtweisen. Coaching wirkt unterstützend im persönlichen Bereich sowie im Bereich der Führungskompetenz, welche sich beispielsweise durch eine bessere Mitarbeiterführung positiv auf das Umfeld und in weiterer Folge auf den Unternehmenserfolg auswirkt. Diese positive Sichtweise in Bezug auf Coaching haben die Mehrzahl der Personalverantwortlichen und auch Führungskräfte, unabhängig davon, ob sie selbst Coaching-Erfahrung haben. Des Weiteren vertritt der Großteil von ihnen den Standpunkt, dass Führungskräfte ein Coaching benötigen, um persönliche und berufliche Themen mit einer Außensicht bearbeiten zu können. Aus diesen Ergebnissen wird deutlich, dass Coaching ein sehr positives Image hat. Es wird als hilfreich, nützlich und notwendig angesehen. Der hohe Nutzen von Coaching - auf der Ebene der Person, der Funktion und der Organisation - entspricht dem aktuellen Stand der Diskussion und wurde auch durch die Befragung der gecoachten Führungskräfte bestätigt. Die Studie 1 unter Personalverantwortlichen und Führungskräften hat jedoch zusätzlich sehr deutlich gezeigt, dass diese positiven Einschätzungen nur in geringem Maße von der Coaching-Erfahrung der Führungskräfte abhängig sind.

Der in der Literatur diskutierte hohe Bedarf an Coaching kann durch diese Studien bestätigt werden. Führungskräfte aus den Klein- und Mittelunternehmen haben einen artikulierten Bedarf an Coaching. Von den zwei Drittel der befragten Führungskräfte, die keine Coaching-Erfahrung haben, äußerten mehr als die Hälfte den Wunsch, sich coachen zu lassen. Die von ihnen angegebenen Problemstellungen und Herausforderungen – wie beispielsweise Mitarbeiterführung bei immer schwieriger werdenden Rahmenbedingungen aufgrund der raschen Veränderungen am Markt und der vorhandenen Krise in der Elektronikbranche – zeigen sehr deutlich die hohen Anforderungen, die an sie als Führungskräfte gestellt werden.

Auffallend dabei ist, dass diesen Führungskräften, die nach eigenen Angaben gerne ein Coaching in Anspruch genommen hätten, in der Vergangenheit kein Angebot unterbreitet wurde. Ein fehlendes Angebot stellt einen von mehreren Gründen dar, warum für Führungskräfte der Zugang zum Coaching erschwert ist. Personalverantwortliche wie auch Führungskräfte sind zum Großteil der Ansicht, dass unterschiedlichste Barrieren und Hinderungsgründe dafür verantwortlich sind. Daraus wird erkennbar, dass sich Coaching trotz des guten Images in einem Dilemma befindet: Es ist hilfreich und nützlich für die Führungskraft und für das Unternehmen, der Bedarf ist vorhanden, doch der Zugang wird durch verschiedene Einflüsse behindert bzw. erschwert.

Aus der Sicht der Personalverantwortlichen und der Führungskräfte lassen sich jedoch aus den Ergebnissen dieser Studie noch weitere Begründungen ableiten: Ein Hinderungsgrund liegt im persönlichen Bereich der Führungskraft, wie z. B. der persönliche Stolz und die Selbstüberschätzung sowie die mangelnde Bereitschaft, sich nach außen zu öffnen. Ein weiterer Grund ist, dass viele der Meinung sind, Coaching sei etwas für „schwache" Führungskräfte, die selbst nicht mehr zurechtkommen. Barrieren werden auch durch das Überangebot am Markt gebildet. Homepages, Prospekte und Anzeigen über Coaching sind verantwortlich dafür, dass bei Personalverantwortlichen und bei Führungskräften Verwirrung rund um den Begriff „Coaching" entsteht. Die Aussagen der gecoachten Führungskräfte in Bezug auf die Anfangssituationen des Coachings bestätigen dies. In einigen Fällen wurde unter Coaching eine Form der Fachberatung und des Trainings verstanden.

Um die Einführung von Coaching zu ermöglichen, ist es erforderlich, diese Barrieren abzubauen und diesen Hinderungsgründen entgegenzuwirken. Den Führungskräften muss die Angst genommen werden, externe Unterstützung anzunehmen und auch über Schwächen und Defizite offen zu sprechen. Gerade für Führungskräfte ist das besonders schwer, da sie es normalerweise nicht gewohnt sind, diese offen zu legen und darüber Rückmeldungen zu erhalten. Um ein erfolgreiches Coaching zu ermöglichen, ist Diskretion und vor allem Vertrauen notwendig. Dies betonen insbesondere auch gecoachte Führungskräfte. In einem Unternehmen wurden bei der Implementierung von Coaching durch Information und Aufklärung vertrauensbildende Maßnahmen gesetzt, die dabei geholfen haben, das anfängliche Misstrauen und die Bedenken in Bezug auf Coaching zu reduzieren.

Für die befragten Führungskräften aus beiden Studien ist das Vertrauen – neben der Professionalität und Kompetenz sowie der Persönlichkeit des Coach – ein wichtiges Kriterium für die Auswahl eines Coach. Gecoachte Führungskräfte sehen die Überwindung vor allem darin, sich einer „fremden Person" gegenüber zu öffnen. Der Umstand, dass Vertrauen ein wesentliches Kriterium ist, wird auch dadurch bestätigt, dass den Unternehmen und den Führungskräften die Coachs häufig durch Seminare und Veranstaltungen persönlich bekannt waren. In den Fällen, in denen dies nicht zutraf, erfolgte die Auswahl über persönliche Empfehlungen, wie beispielsweise durch gute Bekannte und Freunde. Während in der referierten Literatur die psychologische Ausbildung des Coach als ein wichtiges Kriterium für die Auswahl behandelt wurde, hat die Befragung der Führungskräfte ergeben, dass die ausgewiesene Qualifikation des Coach und seine Referenzen, vor allem dann wichtig sind, wenn der Coach dem Unternehmen nicht bekannt ist.

Die Meinung, Coaching sei nur etwas für „schwache" Führungskräfte, wurde in den Interviews mit den Personalverantwortlichen größtenteils bestätigt: In ihren Unternehmen wird Coaching dann angeboten, wenn die Führungskraft selbst nicht mehr zurechtkommt, persönliche Probleme hat oder berufliche Schwierigkeiten auftreten. Defizite in der Persönlichkeit und im Verhalten der Führungskraft sowie Überlastung durch Druck und Stress sind weitere Beweggründe für die Nutzung eines Coaching-Angebots. Interessant ist der Fall eines Mittel-Unternehmens: Nach Ansicht eines befragten Personalverantwortlichen bedeutet die Einführung von Coaching einen Vertrauensbruch zwischen Führungskraft und Geschäftsleitung. Es hätte den Anschein, als bekäme die Führungskraft einen Externen – den Coach – vorgesetzt, da sie alleine nicht mehr in der Lage sei, die Führungsaufgaben zu erfüllen.

Diese Beispiele zeigen sehr deutlich, dass die Anlässe für ein Coaching mit einer Schwäche und einem Nicht-mehr-Zurechtkommen der Führungskraft in Verbindung gebracht werden. Aus den Studien geht jedoch sehr deutlich hervor, dass die Entwicklung von Führungskompetenzen durch Weiterbildungsmaßnahmen – und nicht persönliche Probleme oder Schwächen der Führungskraft – als Anlassfall im Vordergrund stehen. Hier gilt es zukünftig, Aufklärungsarbeit zu leisten, um dieses „schiefe“ Bild in Bezug auf die Inanspruchnahme von Coaching zu korrigieren. Durch dieses Image entsteht für die Führungskraft eine Barriere, Coaching in Anspruch zu nehmen. Erst wenn die Führungskraft das Gefühl hat, dass Coaching als Entwicklungschance und nicht als Schwäche angesehen wird, wird sie auch bereit sein, sich coachen zu lassen.

An dieser Stelle möchte ich einen persönlichen Fall aus meiner Praxis als Coach einbringen. Am Ende eines Coaching-Prozesses antwortete ein Klient auf die Frage, wer seiner Ansicht nach ein Coaching brauche: Coaching ist „(...) für jene, die gut im Job zurechtkommen und sich als Führungskraft weiterentwickeln wollen (...), aber auch für jene, die Probleme haben.“ Dieser Imagewandel hinsichtlich des Umganges mit Coaching wäre für Führungskräfte sehr wünschenswert, denn dann könnten jene, die Coaching in Anspruch nehmen, offener damit umgehen und ihre Erfahrungen ungehemmt weitergeben, und jene, die Unterstützung durch Coaching benötigen, könnten diese leichter in Anspruch nehmen. Coaching selbst – jedoch nicht seine Inanspruchnahme – hat bereits ein gutes Image.

Wie bereits dargestellt, werden die Hilfestellung und der Nutzen hoch eingeschätzt, und es herrscht die Meinung vor, dass Führungskräfte diese Form der externen Begleitung und Unterstützung benötigen. Führungskräfte selbst signalisieren auch deutlich einen persönlichen Coaching-Bedarf.

In Hinblick auf die Inanspruchnahme von Coaching wurden in den untersuchten Unternehmen bereits sehr positive Erfahrungen gemacht. Etwa die Hälfte der Führungskräfte gab an, Coaching in Anspruch genommen zu haben. Die Verbreitung liegt demnach über dem von den Personalverantwortlichen geschätzten Wert von 10 bis 20%. Im Vergleich mit anderen Studien liegt die Verbreitung in Kärnten mit 50% über dem von Rückle (2000) angegebenen Wert von 20% und unter dem untersuchten Wert von 85% nach Böning (2002). Die genannten Werte beziehen sich auf Unternehmen im deutschsprachigen Raum. Verglichen mit dem von Vogelauer (2002) untersuchten Wert von 74% für Österreich, liegt die Verbreitung in Kärnten darunter. Diese Abweichung kann einerseits durch die Unternehmensverteilung begründet werden, denn der Anteil an Großunternehmen – wo Coaching nach Ergebnissen dieser Studie stärker verbreitet ist als in den Klein- und Mittelunternehmen – ist in Kärnten um 25% geringer als im österreichischen Durchschnitt (vgl. WKO-STATISIK 2002). Andererseits ist in der Studie von Vogelauer eine Differenzierung in Bezug auf die Unternehmensgröße nicht dezidiert angegeben, daher können diese Werte auch nur bedingt miteinander verglichen werden. Coaching wurde in den untersuchten Unternehmen häufig als Weiterbildungsmaßnahme angeboten, die auch in Großunternehmen häufiger Anwendung findet als in Klein- und Mittelunternehmen (vgl. KMU-FORSCHUNG 2003).

In Großunternehmen sind Coaching-Angebote häufig eine zusätzliche Maßnahme im Zuge der Qualifizierung von Führungskräften. Der Stellenwert von Coaching hat in den letzten Jahren stark zugenommen. In den Klein- und Mittelunternehmen könnte man diese Erfahrungen in Bezug auf die Einführung von Coaching nutzen und es auch hier als ein zusätzliches „Tool" zu anderen

Beratungsleistungen anbieten. Neben der Fach- und Organisationsberatung, die in Klein- und Mittelunternehmen gegenüber der persönlichen Beratung vorwiegend eingesetzt werden, würde Coaching den vorhandenen Beratungsbedarf auf der individuellen Ebene der Führungskraft abdecken.

Schwierigkeiten in Bezug auf Coaching bereitet Personalverantwortlichenn und Führungskräften der Umstand, dass unter dem Begriff „Coaching" sehr viel Unterschiedliches angeboten wird: Beratung, Begleitung, Seminare, Workshops und Trainings auf fachlicher und persönlicher Ebene, sowie auf der Ebene der Organisation. Als Zielgruppe dienen Einzelpersonen, Gruppen, Teams und Organisationen. Im Internet findet man zum Thema „Coaching" mehr als 30.000 Seiten aus Österreich und mehr als 300.000 Seiten im deutschsprachigen Raum (Kapitel 2.5). Dem Personalverantwortlichen, wie aber auch der Führungskraft, ist es schwer möglich, sich bei dieser Fülle von Angeboten zurechtzufinden. Zusätzlich verstärkt wird dies noch durch Angebote via E-Mail, Post und Telefon. Die interviewten Personalverantwortlichen messen diesen Angeboten eine ebenso geringe Bedeutung bei wie jenen über Homepages. Führungskräfte beklagen einen Mangel an Transparenz und verständlicher Information und sehen darin auch eine Barriere, ein Coaching in Anspruch zu nehmen. Sie bevorzugen den direkten persönlichen Kontakt. Telefonische Anfragen werden als Belästigung empfunden.

Um den o.a. Informationsmangel der Führungskräfte zu beheben, ist es erforderlich, gezielte Aufklärungsarbeit zu leisten. Beispielhaft dafür sei hier der Coaching-Report von Christopher Rauen angeführt, der versucht, Informationen rund um „Coaching" in sehr strukturierter und übersichtlicher Form auf seiner Homepage darzustellen. Dadurch soll es den Interessierten erleichtert werden, sich in der Thematik besser zurechtzufinden (vgl. RAUEN 2003). Jedoch muss hier angemerkt werden, dass es den betroffenen Führungskräften oft an Zeit, aber auch an Kompetenz mangelt, sich mit dieser komplexen Thematik im Detail auseinander zu setzen.

Die Interessengemeinschaft Coaching (IGC), eine Vereinigung von namhaften Coachs aus dem deutschsprachigen Raum, versucht durch das Festlegen von Qualitätsstandards und mit einer Coach-Datenbank, den (potentiellen) Kunden den Zugang zu einer definierbaren und hochwertigen Beratungsdienstleistung zu erleichtern. Erklärtes Ziel ist es, damit vor allem Aufklärung und Transparenz in die Coaching-Branche zu bringen (IGC 2003). Diese noch sehr junge Initiative bietet über die Coach-Datenbank von Christopher Rauen Führungskräften die Möglichkeit, qualifizierte Coachs auszuwählen. Auf Österreich bezogen werden derzeit jedoch nur neun Coachs für den Wiener Raum zur Auswahl angeboten. Im Gegensatz zu Deutschland liegen hier noch Entwicklungspotentiale beim Ausbau dieser Coach-Datenbank für den österreichischen Markt (RAUEN 2003).

Coaching befindet sich in einem Dilemma, da es einerseits als nützlich für die Führungskraft und das Unternehmen angesehen wird und andererseits die Inanspruchnahme von Coaching der Führungskraft als „Schwäche" ausgelegt wird. Auch wenn gecoachte Führungskräfte es anders sehen und erleben gehen sie trotzdem sehr diskret mit Coaching um. Eher selten – aus der Studie 2 in 80 Prozent der Fälle – wird das Umfeld über die Inanspruchnahme von Coaching informiert.

Daher ist zukünftig noch einiges an Bewusstseinsbildung in den Unternehmen und bei den Führungskräften erforderlich, um die Einführung von Coaching erfolgreich zu ermöglichen. Als wesentlicher Schritt erscheint mir der Abbau der o.a. Hemmschwellen und Barrieren. Führungskräfte sollten bei der Einführung von Coaching nicht nur informiert, sondern auch sensibilisiert werden. Das heißt, sie müssen, beispielsweise durch Seminare und Workshops, langsam mit dieser Thematik vertraut gemacht werden, um Ängste und Vorurteile in Bezug auf Coaching zu thematisieren und abzubauen. Erst wenn die Führungskraft das Gefühl hat, in ihrem Umfeld offen und selbstbewusst damit umgehen zu können, dass sie gecoacht wird, ist die Einführung von

Führungskräfte-Coaching als Personalentwicklungsmaßnahme erfolgreich geglückt.

Malik (2001) nimmt in seinem Buch „Führen – Leisten – Leben" über „Wirksames Management für eine neue Zeit" Abstand von der „idealen Führungskraft" und lenkt auf die „wirksame Führungskraft" über. Der Fokus muss laut Malik darauf gelenkt werden, die individuellen Stärken der einzelnen Führungskraft zu entwickeln und nicht deren Schwächen zu beseitigen. Coaching stellt meiner Einschätzung nach ein unterstützendes Beratungsinstrument dar, um die Führungskraft in der Entwicklung ihrer Stärken zu begleiten. Dieser Begleitung liegt mein persönliches Verständnis und meine Haltung im Coaching zugrunde, welches sich in einem Zitat nach Galileo Galilei wiederfindet:

„Man kann den Menschen nichts beibringen. Man kann ihnen nur helfen, es in sich selbst zu entdecken."

6 Verzeichnisse

6.1 Literatur

BACKHAUSEN, W./THOMMEN, J.-P.: Coaching: Durch systemisches Denken zu Innovativer Personalentwicklung. Wiesbaden: Gabler Verlag, 2003.

BAYER, H.: Die Bedeutung von Coaching für die Kommunikation in Veränderungsprozessen. In: Coaching Magazin. Artikel von und für Coachs / von Christopher Rauen 1999. (www.coaching-magazin.de)

BÖNING, U.: Coaching: Zur Rezeption eines neuen Führungsinstruments. In: Personalführung, 12, 1989. S. 1149-1151.

BÖNING, U.: Bedarf an persönlicher Beratung wächst. In: Management & Training, 4, 2000. S. 10-15.

BÖNING, U.: Coaching: Der Siegeszug eines Personalentwicklungs-instruments. In: Rauen, Ch. (Hrsg.): Handbuch Coaching, 2., überarbeitete und erweiterte Auflage. Göttingen u.a.: Hogrefe-Verlag 2002. S. 21-43.

BROCKHAUS: Die Enzyklopädie in 24 Bänden. 20. überarb. Auflage. Leipzig 1998.

BUNER, R.: Coaching: Die Methode und ihre Perspektive, Zugang und Begrifflichkeit. In: Coaching – Beiträge zur Methode und Praxis. Sonderausgabe der Management-Information, Band 3, St. Gallen: Institut für Versicherungswirtschaft der Universität St. Gallen, 2000. S. 5-13.

DOPPLER, K.: Mode oder Notwendigkeit. Was und wie ein Coach wirklich sein sollte. Gablers Magazin, 4, 1992, S. 36-41.

DORANDO, M./GRÜN, J.: Coaching mit Meistern – Erfahrungsbericht eines supervisorischen Abenteuers. In: Supervision, 24, 1993. S. 53-70.

ECHTER, D.: Coaching im Top-Management. In: Rauen, Ch. (Hrsg.): Handbuch Coaching, 2., überarbeitete und erweiterte Auflage. Göttingen u.a.: Hogrefe-Verlag 2002, S. 412-428.

EUROPA: Die Europäische Kommission. Unternehmen. KMU-Definition vom 6. Mai 2003.
(http://europa.eu.int/comm/enterprise/enterprise_policy/sme_definition/index_de.htm)

FINGER-HAMBORG, A.: Coaching als Instrument der Personalentwicklung – Ein Erfahrungsbericht von Coaching von Schichtleitern. In: Rauen, Ch. (Hrsg.): Handbuch Coaching, 2., überarbeitete und erweiterte Auflage. Göttingen u.a.: Hogrefe-Verlag 2002. S. 331-353.

FISCHER-EPE, M.: Coach statt Couch. In: Psychologie Heute, 29. Jg., Heft 4, April 2002. , S. 38-45.

FOURIER, St.: Human-Quality-Management: Mit Führungsqualität die Zukunft meistern. Wiesbaden : Gabler, 1994.

FRIEDRICHS, J.: Methoden empirischer Sozialforschung. 14. Aufl., Opladen: Westdeutscher Verlag, 1990.

GESSNER, A.: Coaching – Modelle zur Diffusion einer sozialen Innovation in der Personalentwicklung. Frankfurt am Main: Europäischer Verlag für Wissenschaften, 2000.

GLASER, G./STRAUSS, A.L.: Grounded Theory: Strategien qualitativer Forschung. Bern (u.a.): Huber, 1998.

GOMBOS, G.: Vergleich Psychotherapie – Supervision – Coaching. Seminarunterlage, unveröffentlicht. Klagenfurt April 1999.

GOOGLE, Internet-Suchmaschine Österreich 2003. (www.google.at)

GÖTZ, K.: Management und Weiterbildung. Führen und Lernen in Organisationen. Grundlagen der Berufs- und Erwachsenenbildung, Band 9. Hohengehren: Schneider Verlag, 2000.

GÖTZ, K.: Mitschrift aus der Lehrveranstaltung `Veränderungsmanagement und Chaostheorie` am Institut für Erziehungswissenschaft und Bildungsforschung an der Universität Klagenfurt, Jänner 2001.

GROGGER, M./PIRZL, W.: Coaching im Q.I.S.: Coaching als Begleitinstrument für Führungskräfte im Veränderungsprozess zur Implementierung von Qualitätsentwicklungsmaßnahmen an Berufsschulen in Österreich. Forschungsbericht, Unveröffentlicht. Salzburg 2002.

HANKOVSZKY, K./BUNER, R.: Coaching-Befragung: Welche Perspektiven hat die Praxis? In: Coaching – Beiträge zur Methode und Praxis. Sonderausgabe der Management-Information, Band 3, St. Gallen: Institut für Versicherungswirtschaft der Universität St. Gallen, 2000. S. 47-54.

HAUSER, E.: Coaching: Führung für Geist und Seele. In: Feix, W. (Hrsg.): Personal 2000 – Visionen und Strategien erfolgreicher Personalarbeit, Wiesbaden: Gabler-Verlag 1991. S. 207-236.

HEINTEL, P.: Personalentwicklung in der Spannung von Organisation, Funktion und Person: eine Skizze. Klagenfurt: IFF – Inst. für Interdisziplinäre Forschung u. Fortbildung d. Univ. Innsbruck, Klagenfurt u. Wien, 1991.

HESS, T./ROTH, W.: Professionelles Coaching. Eine Expertenbefragung zur Qualitätseinschätzung und -entwicklung. Heidelberg: Asanger 2001.

HINST, K.: Führungskräfteentwicklung: Immer nur mehr desselben? In Personalführung 12/2001. S. 30-43.

HOLM, K. (Hrsg.): Die Befragung. Uni-Taschenbücher, 373, Soziologie, Wirtschaftswissenschaft, 2. Auflage. München: Francke 1975.

IGC – Interessengemeinschaft Coaching. Förderung von beraterischer Professionalität und Qualität, 2003. (http://www.ig-coaching.com)

JÜSTER, M./HILDENBRAND, C.-D./PETZOLD, H.G.: Coaching-Studie an der freien Universität Amsterdam. Zusammenfassung der Ergebnisse der Studie 2002. (angeforderter E-Mail-Auszug der Studie, www.cct-institut.com)

KLEIN, O.G.: Grundlagen, Themen und Methoden eines Coaching-Prozesses mit konstruktivistischem Hintergrund. 2002, S. 148). In: Rauen, Ch. (Hrsg.): Handbuch Coaching, 2., überarbeitete und erweiterte Auflage. Göttingen u.a.: Hogrefe-Verlag 2002. S. 143-160.

KMU-FORSCHUNG: Pressemitteilung 18.06.2001. Geringe Weiterbildung in Kleinbetrieben. (http://www.kmuforschung.ac.at/de/Presse/presse010618.htm)

KÖNIG, G.: Coaching- ein neues Arbeitsfeld für Psychologen? In: Wilker, F.-W. (Hrsg.): Supervision und Coaching: Aus der Praxis für die Praxis, 2., unveränd. Aufl., Bonn: Deutscher Psychologen-Verlag 1996, S. 248-262.

KOTTER, J.P.: Chaos, Wandel, Führung – Leading Change. *Dt. von Beate Darius. Düsseldorf: Econ-Verlag 1997.

KROEBER, S.: Synonym-Wörterbuch: Der treffende Ausdruck – das passende Wort. Neubearbeitet von Horst Leisering. Gütersloh: Bertelsmann-Lexikon-Verlag, 1995.

LOOSS, W.: Coaching für Manager: Problembewältigung unter vier Augen, 2. Auflage. Landsberg am Lech: Verlag Moderne Industrie 1993.

LOOSS, W.: Unter vier Augen: Coaching für Manager. 4., völlig überarb. Auflage. Landsberg/Lech: mi, Verlag Moderne Industrie, 1997.

LOOSS, W./RAUEN, CH.: Einzel-Coaching – Das Konzept einer komplexen Beratungsbeziehung. In: Rauen, Ch. (Hrsg.): Handbuch Coaching, 2., überarbeitete und erweiterte Auflage. Göttingen u.a.: Hogrefe-Verlag 2002. S. 115-142.

LOOSS, W.: Unter Vier Augen. Coaching für Manager. München: Redline Wirtschaft bei Verlag Moderne Industrie, 2002.

MALIK, F.: Führen – Leisten – Leben: Wirksames Management für eine neue Zeit, 10. Auflage. Stuttgart, München: Deutsche Verlags-Anstalt GmbH, 2001.

MAYRING, P.: Qualitative Inhaltsanalyse: Grundlagen und Techniken, 6., durchges. Auflage. Weinheim: Dt. Studien-Verlag 1997.

MANAGEMENTSEMINARE, Weiterbildungsmagazin Online 2002: (http://www.managerseminare.de/msemi/861265/frontend/lexikondaten.html?urlID=330)

MICROELECTRONIC CLUSTER, Homepage mit Beschreibung der Aufgaben und Ziele des Clusters. 2003a. (www.me2c.org)

MICROELECTRONIC CLUSTER, Mitgliederverzeichnis mit E-Mail-Adressen, unveröffentlicht. 2003b.

NEUBEISER, M.-L.: Management Coaching: Der neue Weg zum Manager von morgen. Zürich, Wiesbaden: Orell Füssli Verlag, 1990.

O´CONNOR, J./SEYMOUR, J.: Weiterbildung auf neuem Kurs. NLP für Trainer, Referenten und Dozenten. Freiburg im Breisgau: Verlag für Angewandte Kinesiologie, 1996.

OLIVERO G./BANE K.D./KOPELMAN R.E.: Executive Coaching as a Transfer of Training Tool: Effects on Productivity in a Public Agency. In: Public Personel Management. Volume 26, No. 4, Winter 1997.

QUEST, Philip Jung GmbH: Coaching-Umfrage 2001 in Deutschland, Österreich und der Schweiz, Ergebnisse. Unveröffentlichtes Manuskript. Niedersteinebach/Westerwald, 2001. (Anforderung unter www.quest-team.de)

RAUEN, CH.: Coaching: Innovative Konzepte im Vergleich. 2. aktualisierte Aufl., Göttingen: Verlag für Angewandte Psychologie, 2001.

RAUEN, CH.: Varianten des Coachings im Personalentwicklungsbereich. In: Rauen, Ch. (Hrsg.): Handbuch Coaching, 2., überarbeitete und erweiterte Auflage. Göttingen u.a.: Hogrefe-Verlag 2002. S. 67-94.

RAUEN, CH.: Coach-Datenbank von Christopher Rauen 2003. (http://www.coach-datenbank.de)

RIECKMANN, H.: Managen und Führen am Rande des 3. Jahrtausends: Praktisches, Theoretisches, Bedenkliches. 2., durchges. Auflage. Frankfurt am Main; Wien [u.a.] : Lang, 2000.

ROTH, W.L./BRÜNING, M./EDLER, J.: Coaching – Reflexionen und empirische Daten zu einem neuen Personalentwicklungsinstrument. In: Wilker, F.-W. (Hrsg.): Supervision und Coaching: Aus der Praxis für die Praxis, 2., unveränd. Aufl., Bonn: Deutscher Psychologen-Verlag 1996, S. 201-224.

RÜCKLE, H.: Gruppen-Coaching. In: Rauen, Ch. (Hrsg.): Handbuch Coaching, 2., überarbeitete und erweiterte Auflage. Göttingen u.a.: Hogrefe-Verlag 2002. S. 161-175.

RÜCKLE, H.: Coaching: So spornen Manager sich und andere zu Spitzenleistungen an. Landsberg/Lech: Verlag Moderne Industrie, 2000.

RÜCKLE, H.: Coaching. Düsseldorf ; Wien [u.a.] : Econ-Verlag, 1992.

SCHEELEN, F.M.: Überlegende Führungskompetenz durch persönliche Brillanz. In: Zukunftsmanagement – Trainingsperspektiven für das 21. Jahrhundert. Offenbach, 1999.

SCHIDT-TANGER, M.: Veränderungscoaching: Kompetent verändern. NLP im Changemanagement, im Einzel- und Team-Coaching, Padaborn: Junfermann 1998.

SCHMID, F.: Personenzentrierte Supervision: Berufliche Entwicklung durch Bewegung. In: LUIF, I.(Hrsg.): Supervision: Tradition, Ansätze und Perspektiven in Österreich. Orac, Wien 1997, S. 175-188.

SCHNEIDER, P.: Erfolgreiches Coaching: Freiwillig oder selbst gewählt. In: Coaching – Beiträge zur Methode und Praxis. Sonderausgabe der Management-Information, Band 3, St. Gallen: Institut für Versicherungswirtschaft der Universität St. Gallen, 2000. S. 28-29.

SCHNELL, R.: Methoden der empirischen Sozialforschung, 5., völlig überarb. und erweiterte Auflage. München, Wien: Oldenbourg, 1995.

SCHREYÖGG, A.: Coaching und seine potentiellen Funktionen. In: PÜHL, H. (Hrsg.): Handbuch der Supervision 2. Spiess, Berlin 1994, S. 173-187.

SCHREYÖGG, A.: Coaching: Eine Einführung für Praxis und Ausbildung. Frankfurt/Main, New York: Campus, 1998.

SCHREYÖGG, A.: Konflikt-Coaching. In: Rauen, Ch. (Hrsg.): Handbuch Coaching, 2., überarbeitete und erweiterte Auflage. Göttingen u.a.: Hogrefe-Verlag 2002. S. 177-198.

SIMPSON, J.A. (Hrsg.): The Oxford English dictionary, 2. edition. Oxford: Clarendon Press 1993.

STAHL, G.K./MARLINGHAUS, R.: Coaching von Führungskräften: Anlässe, Methoden, Erfolg. Ergebnisse einer Befragung von Coachs und Personalverantwortlichen. In: Zeitschrift Führung + Organisation, 69 (4), 2000. S. 199-207.

SZABÓ, P.: Lerninhalte mit Coaching praktisch umgesetzt: Weiterbildung und Coaching ergänzen sich. 2002. (http://www.weiterbildungsforum.ch/aktuell/index.htm)

TAG, J.: Coaching in der Verwaltung. Eine Studie zur Akzeptanz eines neuen Beratungsangebots. In: Zeitschrift Organisationsberatung – Supervision – Coaching, Band 7, 2000. S. 33-49.

UNIVERSITÄT HOHENHEIM 2003, Beschreibung des Statistikprogramms SPSS, 2003. (http://www.rz.uni-hohenheim.de/anw/programme/sta/spss/)

VOGELAUER, W.: Coaching Praxis. Führungskräfte professionell begleiten, beraten, unterstützen, 4. erw. und überarb. Auflage. Neuwied: Luchterhand, 2002.

VOGELAUER, W.: Homepage zum Thema Coaching von Dr. Werner Vogelauer. 2003. (www.coaching.at)

WKO-STATISTIK: Einteilung nach der Unternehmensgröße, Bundesländervergleich, 2003. (http://www.wko.at/Statistik/kmu/kmu07.pdf)

WIRTSCHAFTLICHE LANDESKUNDE: Wirtschaftszweige. Sektoren und Branchen 2003. (http://www.goethe.de/in/d/frames/schulen/wlk/2-1.html)

WREDE, B.: So finden Sie den richtigen Coach: Mit professioneller Unterstützung zu beruflichem und privatem Erfolg. Frankfurt/Main u.a.: Campus-Verlag, 2000.

WREDE, B.: So finden Sie den richtigen Coach. In: Rauen, Ch. (Hrsg.): Handbuch Coaching, 2., überarbeitete und erweiterte Auflage. Göttingen u.a.: Hogrefe-Verlag 2002. S. 253- 291.

6.2 Abbildungen

Printed by Books on Demand GmbH, Norderstedt / Germany